Winfried Wagner
Quellen der inneren Kraft

Verlag Via Nova

Winfried Wagner

QUELLEN DER INNEREN KRAFT

In sich selbst Halt finden

vianova
Verlag Via Nova

1. Auflage 2010

Verlag Via Nova, Alte Landstr. 12, 36100 Petersberg

Telefon: (06 61) 6 29 73

Fax: (06 61) 96 79 560

E-Mail: info@verlag-vianova.de

Internet: www.verlag-vianova.de / www.transpersonale.de

Umschlaggestaltung: Guter Punkt, München

Satz: Sebastian Carl

Druck und Verarbeitung: Fuldaer Verlagsanstalt, 36037 Fulda

ISBN 978-3-86616-172-6

Für Edith,

Andreas, Mirjam und Alexander

Kein Mensch ist jemals ganz und gar er selbst gewesen;
jeder strebt dennoch, es zu werden,
einer dumpf, einer lichter, jeder so, wie er kann.

Hermann Hesse (Demian)

Inhaltsverzeichnis

Einführung

Unser Glück muss darin bestehen,
festen Halt in uns selbst zu finden.

Kodo Sawaki (Zen-Meister)

In diesem Buch geht es um die Frage, wie der Mensch genügend Halt in sich selbst finden kann, um gegenüber den Unwägbarkeiten und Erschütterungen des Lebens ausreichend gewappnet zu sein. Zunächst versuche ich Sie, liebe Leser und Leserinnen, theoretisch an die Thematik des Selbstbezugs, der Zentrierung und der Selbstgestaltung durch Übung heranzuführen. Ich werde so zu der Unterscheidung und Darstellung eines vitalen Daseins- und Selbstgefühls, eines zwischen Ich und Du bezogenen Selbstgefühls sowie eines reflektierenden und reinen Selbstbewusstseins kommen. Damit korrespondiert das Prinzip der dreifachen Zentrierung. All diese Aspekte und deren Verkörperung lassen sich wunderbar anhand von Körperselbstbildern von Klienten veranschaulichen, weshalb ich eine Reihe davon an den entsprechenden Stellen eingefügt habe. Auf diese Unterteilung bauen dann im praktischen Teil jedes Abschnitts die Übungen und weiteren Anregungen auf.

Um es gleich vorauszuschicken: Obwohl es in diesem Buch primär darum geht, wie man Halt in sich selbst finden kann, heißt das nicht, dass sonst nichts im Leben uns Halt geben könnte oder gibt als nur wir selbst. Und obwohl wir uns in diesem Buch mit dem Verhältnis des Menschen zu sich selbst beschäftigen, heißt das keineswegs, dass wir ständig nur um uns selbst kreisen sollten. Ich habe mich in diesem Buch lediglich auf dieses Thema konzentriert und beschränkt. Dieses Buch soll Ihnen eine Reihe von Anregungen geben, Ihr Verhältnis zu sich selbst zu reflektieren und eventuell eine neue Beziehung zu sich aufzubauen als Basis für Ihre Beziehungen zur Mitwelt. Der theoretische Stoff, mit dem wir uns in diesem Buch beschäftigen, füllt bereits viele natur-, sozial- und geisteswissenschaftliche Bände. Ich werde aber lediglich jene wesentlichen Aspekte des Verhältnisses des Menschen zu sich selbst herausgreifen, die zum Verständnis des Anliegens dieses Buches – ***in sich selbst Halt finden*** – notwendig und hilfreich sind. Deshalb habe ich auch keine spezifisch selbstbezogene, zum Beispiel selbstabwertende oder gar selbstschädigende Prozesse ausführlicher dargestellt oder untersucht. Und ich werde versuchen, diese Aspekte so einfach wie möglich darzustellen. Dennoch stellt dieses Buch für Sie unter Umständen eine Herausforderung dar: Einerseits ist es nicht unbedingt angenehm, sein Verhältnis zu sich selbst zu reflektieren; hierbei helfen Ihnen hoffentlich meine theoretischen Ausführungen. Andererseits entfalten die Übungen, die ich anbieten und ausführlich darstellen werde, ihre volle Wirkungsweise erst, wenn Sie einigermaßen ***regelmäßig*** üben – auch da sind Sie also gefordert.

Neben den westlichen psychotherapeutischen Ansätzen hat hierzu vor allem auch die östliche Übungstradition einiges anzubieten. Die hier dargestellten Übungen entstammen dem Aikido und dem Qi-Gong.[1] Allerdings habe ich mir erlaubt, manche der klassischen Übungen sozusagen ihres östlichen Beiwerks (zum Beispiel Symbolismus) zu entledigen und der westlichen Mentalität anzupassen. Da das Prinzipielle erhalten bleibt, verlieren sie dadurch nichts von ihrer Wirksamkeit. Wenn Sie zunächst weniger an theoretischen Überlegungen als an praktischen Übungen interessiert sind, dann können Sie ohne weiteres die theoretischen Abschnitte überspringen und mit Hilfe des Inhaltsverzeichnisses sich auf die praktischen Übungen konzentrieren (Ü1 bis Ü18) – Ihnen wird dennoch nichts zum Verständnis der Übungen fehlen. Allerdings bin ich schon der Ansicht, dass für eine angemessene Selbstbeziehung ein gewisses Maß an Selbstreflexion nötig ist, und hierbei helfen Ihnen, wie gesagt, die theoretischen Überlegungen dieses Buches. Mittlerweile habe ich so viele Menschen mit diesen Überlegungen und Übungen beratend und psychotherapeutisch begleitet, dass ich sicher bin, dass auch Sie Ihren Nutzen daraus ziehen werden.

Beginnen wir also mit einigen grundsätzlichen Überlegungen.

---

1 Aikido ist eine japanische Bewegungs-, Lebens- und Friedenskunst (siehe Wagner 1999 & 2008). Die Qi-Gong-Übungen sind dem Aiki-Indo (Tao-Yin Qi-Gong) und dem Aiki-Zen (Yi Qi-Gong) entlehnt. Aiki-Indo ist ein System von einfachen Dehnungs-, Struktur- und Atemübungen zur Regulierung und Harmonisierung unseres vitalen Energieflusses (In-Dô bedeutet so viel wie „unsere Lebensenergie führen, lenken und leiten"). Aiki-Zen ist stilles oder bewegungsloses Qi-Gong mit Visualisierungen, subtiler Körperwahrnehmung und Meditation. Diese drei Übungswege haben bei allen Unterschieden gemeinsame Prinzipien, weshalb ich sie unter dem Begriff der Aiki-Methode zusammenfasse.

In sich selbst Halt finden – wozu und wie?

Betrachten wir die Wortfamilie um den Wortstamm „Halt/halten", so finden wir hier Begriffe wie: innehalten; etwas (nicht mehr) aushalten; jemanden oder etwas aufhalten oder anhalten, Einhalt gebieten; haltlos sein; an sich halten; verhalten oder ungehalten sein; durchhalten; sich oder etwas zurückhalten; sich an etwas halten; jemanden von etwas abhalten; Enthaltsamkeit; sich unterhalten; etwas zum Unterhalt beitragen; ein Anhaltspunkt; (unter) Vorbehalt zustimmen; Zusammenhalt; Rückhalt und so weiter. All diese Zustände, Merkmale und Fähigkeiten verweisen auf irgendeine Form von Halt oder aber eben den Mangel an oder Verlust von Halt. Bezogen auf den Menschen, wie er „leibt und lebt", hat der Begriff „Halt" eine relativ statische, passive Seite, die ***Haltung***, und eine relativ dynamische, aktive Seite, das Ver***halt***en – wobei das Wort „verhalten" selbst wiederum mehrdeutig ist: Je nach Kontext meint es eher ein aktives „Sichverhalten" oder eher ein (passives) Verhalten-Sein im Sinne von „sich zurückhalten". Spezifisch menschliches Verhalten beruht gerade auf dieser prinzipiellen Fähigkeit zur Verhaltenheit, Zurückhaltung und des Innehaltens. Es spielt sich auf einem Kontinuum zwischen den Polen „haltlos" (im äußersten Fall: ohne jeglichen inneren Halt) und „ungehalten" (im äußersten Falle: fehlende Impulskontrolle) bis hin zu völliger Zurückhaltung (im äußersten Falle: Erstarrung) ab. Explizites Verhalten basiert auf einer impliziten Haltung, aber explizites Verhalten formt auch eine implizite Haltung – hierbei darf der Begriff „Haltung" sowohl physisch als auch psychisch verstanden werden. Die allen Aspekten und Variationen von Haltung und Verhalten zugrundeliegende, gemeinsame Wurzel ist irgendeine Form von „Halt", egal, woran man sich hält, ob es sich eher um einen inneren oder äußeren Halt handelt – wobei uns in diesem Buch interessiert, ***wie*** man Halt in sich selbst finden kann.

Auch das Wort „Verhältnis" gehört zu der Wortfamilie von „Halt/halten". Jedes Verhältnis, egal, ob zu sich selbst, zu einem Mitmenschen oder zu sonst etwas in der Welt, beruht sowohl auf einer inneren, impliziten Haltung als auch auf äußerem, explizitem Verhalten. Der Mensch steht nicht nur in einem Verhältnis zur Welt, sondern auch zu sich selbst; er vermag sich zu sich selbst zu verhalten und eine Haltung zu sich selbst einzunehmen, zum Beispiel „ich" in Beziehung zu „meinem"

Körper, oder wenn „ich" über mich reflektierend „mich" selbst meine. Erst dieses Verhältnis von „ich" zu „sich" oder „mich" ermöglicht, von sich zu sprechen, sich auf sich selbst beziehen zu können (Schmid 1998, 239). Der Mensch steht also nicht nur in einem Verhältnis zur Welt, sondern auch zu sich selbst. Dieses Selbstverhältnis zeigt sich in einer Vielzahl von Wörtern und Wendungen der deutschen Sprache, wie zum Beispiel Selbstvertrauen, Selbstbewusstsein, Selbsterkenntnis, Selbstbeobachtung, Selbstgespräch, Selbstbestimmung, Selbstfindung, Selbsterfahrung, Selbstverwirklichung, Selbstbehauptung, Selbsthilfe, Selbstbeherrschung, Selbstwertgefühl, Selbstachtung, Selbstbeweihräucherung, Selbstmitleid, Selbstbild, Selbstvorwürfe, Selbstzweifel, Selbstüberwindung, Selbstkritik, Selbstsicherheit, Selbstgefälligkeit, Selbstzufriedenheit, Selbstständigkeit, Selbstsucht, Selbstgenügsamkeit, Selbstverständlichkeit, Selbstaufgabe, Selbstlosigkeit, sich selbst im Wege stehen und so weiter. Mit diesem Selbstverhältnis wird sich der theoretische Teil dieses Buches beschäftigen. Das Verhältnis zu sich selbst kann demnach destruktiv und schwächend, demoralisierend und unterminierend oder haltgebend und stärkend, aufbauend und stützend, also konstruktiv und unterstützend sein. Dieser Halt kann nicht gemacht, sondern er muss gefunden werden. Es geht um die Frage, wie ich so ***da sein*** kann, ***wie ich bin***, ohne irgendwie mit anderen immer mit***halten*** zu müssen. Davon handelt dieses Buch in seinem praktischen Teil.

Selbstbezüglichkeit

Alle Organismen sind bestrebt, überlebensnotwendige systeminterne Zustände unabhängig von inneren und äußeren Einflüssen relativ konstant auf dem Niveau eines eingeborenen Sollwertes zu halten. Beispiele hierfür sind beim menschlichen Organismus die Körpertemperatur, der Blutzucker- und der Hormonspiegel, der Blutdruck und der Sauerstoffbedarf, die Regelung des Muskeltonus und des Gleichgewichts. Diese Prozesse finden in der Regel selbstverständlich, also ohne unser Zutun und Eingreifen, statt, ja größtenteils sogar, ohne dass wir uns dessen bewusst sind. Ein Zutun oder Eingreifen von uns ist erst in Situationen erforderlich, welche die Unversehrtheit des Organismus gefährden könnten – zum Beispiel im Winter sich warm genug anzuziehen, damit man nicht (er)friert, oder etwas zu essen, wenn der Blutzuckerspiegel so weit abgesunken ist, dass es symptomatisch wird. In solchen Fällen bin dann „ich" gefragt, die organismische Selbstregulation durch weitere Maßnahmen zu unterstützen!

Selbstregulation findet auch auf einer psychologischen Ebene statt. Menschen sind bestrebt, systeminterne psychologische Variablen wie die emotionale Befindlichkeit, das Selbstbild und das Selbstwertgefühl, ihre Zielorientiertheit und ihr Sinnstreben unabhängig von inneren und äußeren Einflüssen aufrechtzuerhalten. Auch diese Prozesse finden in der Regel selbstverständlich, ohne unser bewusstes oder vorsätzliches Zutun und Eingreifen, statt. Auch hier ist ein Zutun oder Eingreifen von uns lediglich in jenen außergewöhnlichen Situationen erforderlich, welche die Unversehrtheit der Person gefährden könnten.

Eine Gefährdung dieser Unversehrtheit umfasst die Bedrohung von Leib und Leben und/oder die Bedrohung der psychologischen Integrität und Identität, der Würde und des Selbstwertgefühls, der Selbstentfaltung und Selbstbestimmung (Autonomie) der Person. Solche bedrohlichen Situationen sind alle akuten und chronischen Stress- und Überforderungssituationen, Konflikt- und Krisensituationen, vor allem aber natürlich traumatisierende Situationen aller Art. Neurophysiologisch betrachtet stellen solche Situationen eine vermeintliche oder tatsächliche, antizipierte Gefahr dar und lösen psycho-physischen Stress aus, der bewältigt werden muss. Deshalb steigt das allgemeine psychophysiologische Erregungsniveau: Der Organismus mobilisiert sozusagen Energie für die Bewältigung der Stress- oder Gefahrensituation. Dies geht mit zahlreichen Veränderungen einher:

- physiologische Veränderungen wie Blutdruckerhöhung, Steigerung der Pulsrate, der Herzschlag- und Atemfrequenz und andere Merkmale eines erhöhten vegetativen Tonus;
- psychomotorische Veränderungen wie Stottern und Zittern, Veränderungen in Mimik und Gestik, Verlust der Kontrolle über Schließmuskeln und andere Merkmale eines erhöhten neuromuskulären Tonus;
- Veränderungen im affektiven Bereich wie Angst und Panik, aggressive oder depressive Reaktionen;
- Veränderungen im kognitiven Bereich wie zum Beispiel die Beeinträchtigung der Wahrnehmungsgenauigkeit und der Beurteilungsfähigkeit, verlängerte Reaktionszeiten, Konzentrationsstörung und Gedankenflucht, Katastrophenfantasien und „inneres Weggehen", „aus dem Körper herausgehen" und „neben sich stehen". Man spricht hier von Dissoziation und Depersonalisation.

All diese Veränderungen sind Hinweise auf eine organismische Umschaltung des Organismus auf so genannte Alarm- und Notfallreaktionen, welche den Organismus auf Kampf oder Flucht vorbereiten, oder in Situationen, die unvermeidbar und unausweichlich erscheinen, den „Totstell-Reflex“ auslösen. Im Grund ist unser Organismus in einem derart übererregten Zustand mit der Verarbeitung und Bewältigung der Situation überfordert. Deshalb zieht er sich unter solchen Bedingungen auf primitivere, einfachere Verhaltens- und Erlebensmuster zurück: Kampf einhergehend mit aggressiven Gefühlen (Ärger, Wut, Zorn, Hass); Flucht in Verbindung mit Angst und Panik; oder Erstarrung zusammen mit emotionaler Lähmung oder völliger Dissoziation. Unter solch starken affektiven Zuständen dominieren tiefer gelegene Hirnanteile anstelle einer selbstregulativen Integration aller Gehirnebenen: Denken, Fühlen und Handeln erfolgen dann nicht mehr variabel und situationsadäquat, sondern reiz- und reaktionsstereotyp.

Was also tun in Situationen, die aggressive Gefühle (Kampf), Angstgefühle (Flucht) oder emotionale Erstarrung und Dissoziation (Totstellreflex) auslösen: den Ärger, die Angst, die Resignation in sich „hineinfressen“ oder herauslassen? Ist Unterdrückung oder gar Verdrängung eine angemessene Bewältigungsmaßnahme, oder sollte man solchen Gefühlen freien Lauf lassen und sie impulsiv und unkontrolliert ausagieren, sozusagen „Dampf ablassen“? Das Selbstregulationsprinzip besagt, dass nur eine solche Maßnahme als angemessen gelten kann, welche hilft, den internen Zustand wieder zu stabilisieren, so zum Beispiel, sich warm anzuziehen, wenn man friert. Einige Forschungsarbeiten haben sich mit der Frage beschäftigt, ob emotionales Ausagieren und Unterdrücken angemessene Selbstregulationsmaßnahmen darstellen. Exemplarisch hierfür sei die Untersuchung von Spielberger (1988) zum Umgang mit Ärger erwähnt. Da alle Emotionen mit psychophysiologischer Erregung und entsprechenden Symptomen einhergehen (siehe oben) und der Blutdruck eine leicht messbare Variable ist, griffen Spielberger und seine Kollegen wie viele Forscher in solchen Untersuchungen zur Beobachtung des psychophysiologischen Erregungsniveaus auf die Blutdruckmessung zurück. In deren Untersuchung ergab sich folgender U-förmiger Zusammenhang zwischen Blutdruck und dem Umgang mit Ärger (Abb. aus Staemmler & Staemmler 2008, 88):

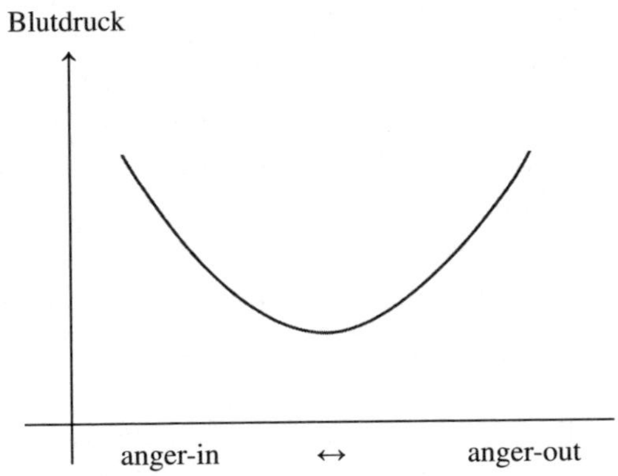

Abb. 1: Ärger ***unter***drücken oder ***aus***agieren?

Übermäßige Unterdrückung von aggressiven Gefühlen (anger-in) führt also demnach ebenso zu einer Blutdrucksteigerung wie übermäßiger Ausdruck (anger-out = ausagieren, abreagieren) – vor allem auf längerer Sicht und vor allem dann, wenn noch Persönlichkeitsfaktoren wie Feindseligkeit und Machtorientierung dazukommen. Unter diesen Umständen kommt es sogar gehäuft zu koronaren Erkrankungen. Manche Persönlichkeitszüge wirken sich also offensichtlich ungünstig auf die Selbstregulationsfähigkeit und Erholungszeit des Herzkreislaufsystems aus, das heißt, solche Menschen brauchen viel länger, um die psychophysiologische und affektive Erregung wieder herunterzuregeln. Irgendwann gelingt ihnen dies nur noch teilweise oder überhaupt nicht mehr (siehe Geen 2001). Somit sind beide Maßnahmen, sowohl seinen Ärger zu unterdrücken als auch ihn impulsiv abzureagieren, als ***einzige*** Selbstregulationsmaßnahme ***auf Dauer*** gleichermaßen ungeeignet. Vergleichbares mag auch für viele andere emotionale Zustände gelten. Es geht wohl eher darum, solche Gefühle situationsangemessen auszudrücken, was nicht dasselbe ist, wie meist zuvor unterdrückte, gestaute Gefühle impulsiv zu entladen. Im Allgemeinen ist die für den Menschen angemessene Ausdrucksweise die Verbalisierung von Gefühlen! Sowohl psychologische als auch neurowissenschaftliche Forschungen zeigen, dass Menschen, die fähig sind, ihre emotionalen Zustände differenziert zu benennen und zu beschreiben, eher in der Lage sind, ihre Emotionen angemessen zu regulieren (siehe Siegel 2007).

Natürlich ist die ganze Angelegenheit noch etwas komplexer als hier dargestellt. So spielen sowohl für den Aufbau der psychophysiologischen und emotionalen Erregung als auch für das emotionsgeleitete Verhalten nicht nur Persönlichkeitsfaktoren, sondern weitere Variablen eine Rolle: Neben angeborenen wie erlernten Schlüsselreizen sind dies vor allem kognitive Prozesse der Situationseinschätzung, der Konsequenzerwartung, der Beziehungsdeutung und der Motivunterstellung; dazu kommen milieuspezifische Sozialisationsbedingungen bis hin zu weltanschaulichen Aspekten einer Gesellschaft beziehungsweise eines Kulturkreises. Allgemein gilt jedoch, dass in allen Fällen, in denen die Unversehrtheit des Organismus oder der Person gefährdet ist oder erscheint, dann „ich" gefragt bin, die selbstverständliche psychische Selbstregulation durch weitere Maßnahmen zu unterstützen!

Mit allen emotionalen Prozessen gehen also neuromuskuläre und psychovegetative Erregungsprozesse einher, die moduliert werden müssen, denn erst dann ist die Herabregulierung negativer Affekte wie panische Angst, Ärger und Wut, Hoffnungs- und Hilflosigkeit, Ohnmachts- und Versagensgefühl und die Erzeugung positiver emotionaler Befindlichkeiten wie Freude und Humor, Empathie und Gelassenheit möglich. Es geht um die Fähigkeit, eine relativ positive Einstellung und Gefühlslage auch angesichts von Unannehmlichkeiten aufrechtzuerhalten. In den Sozialwissenschaften hat sich hierfür der Begriff der Resilienz eingebürgert. Basis all dieser Maßnahmen ist eine grundlegende Entspannungsfähigkeit. Darauf aufbauend kann die Herabregulierung negativer Affekte sowie der Aufbau einer positiven Befindlichkeit erfolgen. Übungsbeispiele hierfür finden Sie im weiteren Verlauf dieses Buches.

Das Phänomen der organismischen Selbstregulation verweist auf eine Eigenschaft aller lebenden Systeme, der so genannten Selbstbezüglichkeit oder Selbstreferentialität: Alle lebenden Systeme sind mehr oder weniger fähig, sich selbst als Bezugssystem, ihre eigenen, eingeborenen Standards (so genannte Sollwerte) als Bezugspunkte zu nehmen und sich dementsprechend selbst zu organisieren. Lebewesen, bereits Zellen, sind also mehr als nur Überlebensmaschinen, sondern sind in der Lage, entgegen den Kräften der Unordnung Gleichgewichtszustände, das heißt Ordnung in ihrem Inneren aufrechtzuerhalten, zu stabilisieren und neu aufzubauen! Lebewesen sind demnach Gebilde, die vorrangig mit sich selbst befasst sind im Dienste der Selbsterhaltung und Selbsterneuerung – auch entgegen Störungen von außen (siehe Weber 2007). Je höher solche Systeme entwickelt sind, desto komplexer sind ihre Strukturen und Prozesse miteinander vernetzt, und desto stärker tendieren sie dazu, ein „Eigenverhalten" zu entwickeln, das heißt, ihre Zustände hängen immer weniger von äußeren Einflüssen ab und immer stärker davon, was innerhalb ihrer Strukturen geschieht (siehe Abb. 2b). Dies lässt sich am Beispiel der Regelung der Körpertemperatur veranschaulichen: Während wechselwarme Tiere sehr von der Außentemperatur abhängig sind

– zum Beispiel Eidechsen das Sonnenlicht benötigen, um ihre „Betriebstemperatur" überhaupt zu erreichen und aufrechtzuerhalten –, können gleichwarme Tiere (Säugetiere) durch Selbstregulation ihre Betriebstemperatur in einem gewissen Maße unabhängig von den Außentemperaturen konstant halten.

Was also bedeutet Selbstreferentialität? Zur Verdeutlichung zwei Beispiele: Beim Anstoßen einer Billardkugel erfolgt die Impulsübertragung linear, so dass man die Bewegungsrichtung und –stärke der Kugel hundertprozentig vorhersagen kann.

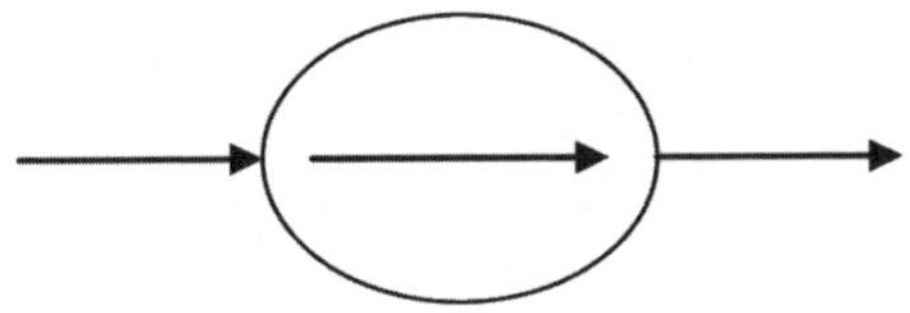

Abb. 2a: Lineare, nicht rückgekoppelte Impulsübertragung in einem einfachen, nicht selbstreferentiellen System

In einem selbstreferentiellen System jedoch erfolgt die Impulsübertragung nicht linear, sondern zirkulär in systeminternen Rückkopplungsprozessen, so dass die Bewegungsrichtung und –stärke des Organismus nicht hundertprozentig, sondern nur mit einer gewissen Wahrscheinlichkeit innerhalb einer bestimmten Streuung (Abweichung) vorhersagbar ist.

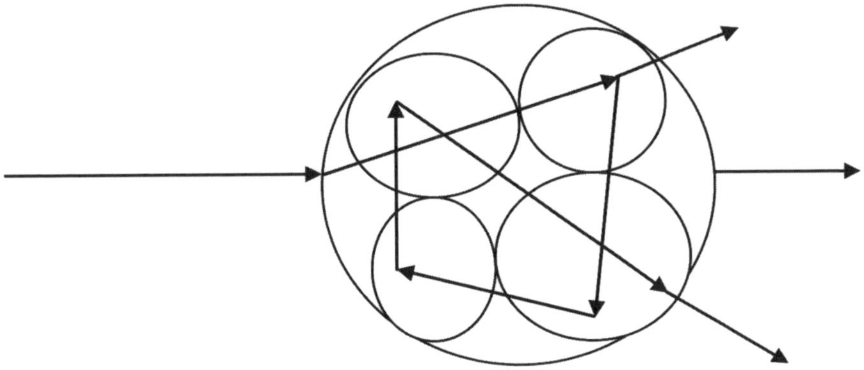

Abb. 2b: Nicht-lineare, mehrfach rückgekoppelte Impuls- und Informationsübertragung in einem komplexen, selbstreferentiellen System

Je komplexer das System, das heißt, je höher entwickelt der Organismus ist, um so unbestimmter, um so weniger vorhersagbar, unberechenbarer, vielfältiger, flexibler und variabler wird die Reaktion sein – allgemein gesagt: um so mehr Freiheitsgrade besitzt das System. Den höchsten Freiheitsgrad weist der zu bewusster Selbstreflexion fähige Mensch auf.

Die Ursprünge des Selbstverhältnisses des Menschen sind also in der Fähigkeit von Organismen zu suchen, ihren eigenen Zustand wahrzunehmen, und zwar vor jeglichem bewussten Gewahrsein davon. Dies ermöglicht ihm, fortwährend dafür zu sorgen, dass Zustände des inneren Milieus und der Eingeweide, des Gleichgewichts- und des Bewegungssystems in jenem Bereich relativer Stabilität verbleiben, der zum Überleben erforderlich ist. Diese Prozesse dienen der Kontinuität und Selbstbewahrung, der Aufrechterhaltung der Identität und Integrität (Unversehrtheit) des Organismus. Diese selbstregulatorischen Prozesse finden dauernd statt, werden aber erst bei größeren Störeinflüssen besonders aktiv und bewusst. Der Neurobiologe Damasio (2007) betrachtet deshalb die Gesamtheit dieser Selbstregulationsprozesse als einen un- und vorbewussten biologischen Vorläufer (Prototypus) des eigentlichen Selbst-Sinns. Die Aufgabe dieses „Proto-Selbst" ist es, für innere Stabilität und Konstanz zu sorgen, die ***Halt*** gibt vor jeglichem Gewahrsein davon.

Das Phänomen der Selbstreferentialität verweist darauf, dass unser „Selbst" weder eine Substanz noch eine Instanz etwa im Sinne von Freuds Instanzenlehre, weder ein Ding noch ein „kleines Männchen" (ein so genannter „homunculus") im Gehirn des Menschen ist. Es ist nichts Dinghaftes oder Substantielles, das man anfassen kann, sondern vielmehr eine Systemeigenschaft aller komplexen und lebenden Systeme, die letztlich von Anfang an (evolutionär) dem Leben immanent zu sein scheint und in seiner höchsten Form als reflexives Selbstbewusstsein beim Menschen auftaucht (emergiert). Die Verwendung des Substantivs „Selbst" aber vermittelt die Illusion von Substantialität und Gegenständlichkeit. Mit dem substantivischen Sprachgebrauch geht unweigerlich ein substantialisierendes, gegenständliches Denken einher, wodurch dynamische und funktionale Prozesse auf statische Kategorien, Instanzen und Strukturen reduziert werden (siehe Mummendey 2006). Selbstreferentialität meint jedoch vielmehr ein Verhältnis, einen Prozess und eine Dynamik. Deshalb wird häufig auch von Selbstprozessen gesprochen; das sind jene kognitiv-emotionalen, motivationalen und psychosomatischen Vorgänge, die das gesamte Geschehen der Kontakte einer Person mit seiner Welt regulieren. Nach dem dänischen Philosophen Sören Kierkegaard ist das Selbst „ein Verhältnis, das sich zu sich selbst verhält" (2006, 214), also ein „Sich-zu-sich-Verhalten" (so auch Heidegger). Dieses Verhältnis zu sich selbst könne der Mensch allerdings nicht mehr loswerden (219). Ich werde daher in diesem Buch den substantivischen Begriff „Selbst" vermeiden – außer wenn ich andere Autoren zitiere und deren Begrifflichkeit verwende – und stattdessen stets Wortkompositionen wie Selbstsinn und Selbstbewusstsein, Selbstbezug und Selbstverhältnis, Selbstempfinden und -gefühl, Selbstheit und Selbstsein verwenden.

Zentrierung

Wie wir im vorherigen Abschnitt gesehen haben, sind alle Lebewesen selbstbezogene Netzwerke beziehungsweise selbstzentrierte Systeme. Auch die Vertreter einer Dynamischen Embryologie und Morphologie (Hartmann 1959; Blechschmidt 1978) zeigten auf, dass sich alles Organismische nach innen zentriert und nach außen entfaltet. Sowohl in der Psychologie als auch in der Alltagssprache ist es geläufig, jemanden als egozentrisch zu bezeichnen, wenn sich mehr oder wenig alles um einen selbst dreht. Was also meint Zentrierung oder Zentriertheit? Nach dem Gestaltpsychologen Wolfgang Metzger (1968) meint Zentrierung einen organismischen Mittel- und Verankerungspunkt der Ich- oder Selbst-Funktionen, der je nach Kontext sich auch verlagern kann (195). Fritz Perls (1979), einer der Mitbegründer der Gestalttherapie, verwendete statt des Begriffs der Zentrierung den der Mitte: „Das Wichtigste von allem, was fehlen kann, ist die Mitte… Ohne Mitte geht alles nur am Rand vor sich, und es gibt keinen Ort, von dem aus man mit der Welt arbeitet, von dem aus man mit ihr zurechtkommt" (45). In seiner Autobiografie (1981) schrieb er, dass das Finden der Mitte Ziel der Therapie sei; dass es ohne Mitte schwer sei, real und lebendig zu sein; und dass wir ohne Mitte verloren seien, schwankend ohne festen Stand (32). Ohne Zentrierung fehlt dem Menschen also die selbstverständliche und unmittelbare, vorreflexiv und vorintentional gegebene Ver***ort***ung in sich selbst. Erst diese Verortung ermöglicht ihm Selbstbezüglichkeit und Ausrichtung in Raum und Zeit.

Wenn wir bei der Zentrierung von Verortung sprechen, ist dies nicht im Sinne eines geometrisch-gegenständlichen Ortes zu verstehen. Der Philosoph und Begründer der Neuen Phänomenologie Hermann Schmitz (1998) spricht in diesem Kontext von einem „absoluten Ort" im Gegensatz zu relativen Orten: Relativ nennt er einen Ort, der durch ein System von Lage- und Abstandsbeziehungen zu anderen (relativen)

Orten bestimmt ist. Relative Orte befinden sich in einem objektiv-geometrischen, dreidimensionalen Raum. „Absolut heißt ein Ort dagegen, wenn er unabhängig von räumlicher Orientierung bestimmt oder identifizierbar ist" (2/1, 6). Der absolute Ort ist immer „hier und jetzt bei mir", „da, wo ich jetzt bin", „wo der Mensch sich, unabhängig von aller räumlichen Orientierung, leiblich spürend findet" (3/1, 15). „Jener absolute Ort ist zugleich das unmittelbare, angestammte Hier des Ich", der „Ich-Mittelpunkt" (3/1, 245). Das deckt sich mit Metzgers „Mittel- und Verankerungspunkt" der Ich- oder Selbstfunktionen und mit Perls´ Begriff der „Mitte". Alle relativen Orte im geometrisch-dreidimensionalen Raum sind nur unter Voraussetzung dieses absoluten Ortes bestimmbar. So findet sich der Mensch als Zentrum wirklicher und möglicher Ausrichtungen vor, das heißt, „…alles Bescheidwissen über Oben und Unten, Rechts und Links, Vorn und Hinten ist nur im Verhältnis zu einem Bezugsort, wo der Wissende selbst seinen Sitz… hat, möglich" (3/1, 241).[2]

Zentrierung meint somit die Verankerung oder Verortung des expliziten Denkens, Fühlens und Handelns in einem impliziten Hintergrundgeschehen. Ein Teil des Organismus erfüllt direkt die Aufgabe, die von ihm verlangt wird, während der Rest des übrigen Organismus den Hintergrund repräsentiert, der die adäquate Ausführung garantiert (Votsmeier-Röhr 2004, 7). Diese Verankerung bewirkt „Verbundenheit des Teiles im Ganzen bzw. Integration der Teilprozesse in der Gesamtheit des Organismus" (Goldstein 1934, 353). In demselben Sinne schrieb auch Karlfried Graf von Dürckheim, der Mitbegründer der Initiatischen Therapie (1932): „In gleichsam zentripetaler Bewegung fügen sich die Dinge zum gegenwärtig dominierenden Zentrum und werden andererseits in gleichsam zentrifugaler Gliederungsbewegung von ihm aus in bestimmter Weise geordnet" (463). Zentrierung ist demnach ein impliziter Prozess im Hintergrund, der die vordergründigen Prozesse des Denkens, Fühlens und Handelns (unter)stützt und integriert. Ich will das, was hiermit gemeint ist, an einigen einfachen Beispielen veranschaulichen.

Für die Gewährleistung eines funktional angemessenen Handlungsablaufs bedarf es immer sowohl eines handlungsausführenden (performativen) als auch eines unter-

---

2 Unter der Perspektive der organismischen Selbstregulation steht die Ausrichtung im Dienste der Selbstbewahrung und Selbsterneuerung des Organismus. „Selbsterhaltung und Wachstum sind Pole auf einem Kontinuum", denn nur, was sich erhält, kann wachsen, sich wandeln und erneuern, und nur, was sich wandelt (erneuert), „kann sich erhalten, ohne zu degenerieren" (Perls, Hefferline & Goodman 1979a, 161). Ausrichtung gewährleistet den Organismus sowohl ***in-takt*** als auch in ***Kon-takt*** mit der Umwelt zu halten (siehe Wagner 2006), sowohl sich in der Welt ***einzurichten*** als auch etwas in der Welt ***auszurichten***.

stützenden oder haltgebenden (supportiven) Aspektes. Nehmen wir als Beispiel das ganz normale Gehen: Immer ist ein Bein im Moment das aktive und ausführende (performative), also das tatsächlich sich bewegende Bein, das andere das supportive, also die haltgebende Stütze (das Standbein). Oder nehmen wir den Ballweitwurf: Auch hierbei ist ein Arm der funktionale, den Wurf aktiv ausführende Arm, der andere der supportive, der gegenschwingende und damit den Wurf unterstützende Arm. Erst dieses Zusammenspiel von performativ (ausführend) und supportiv (unterstützend) ermöglicht eine gute Fortbewegung oder einen guten Weitwurf, also einen funktional angemessenen Handlungsablauf. Da wir alle bevorzugt Rechts- oder Linkshänder sind, sind diese Funktionsweisen schwerpunktmäßig dem einen oder anderen Arm zugeordnet. Grundsätzlich ist jedoch diese Relation von performativ und supportiv situationsabhängig und kann je nach Kontext variieren und sich verschieben. Nehmen wir als Beispiel zur Verdeutlichung des Gemeinten das normale, alltägliche Verhältnis der Bein- zu den Armbewegungen: Geht es primär um Fortbewegung, wie zum Beispiel beim Joggen und Walken, dann ist die zugeordnete Armbewegung eher supportiv; jeder Läufer schwingt seine Arme mit, weil dies sein Laufen unterstützt. Geht es jedoch primär um eine auszuführende Armbewegung, dann ist die Beinbewegung supportiv, wie zum Beispiel beim Ballweitwurf, wo die Beine und Füße die zum Wurf nötige Unterstützung verschaffen. Der ausführende Teil ist der explizite, vordergründige und manifeste, meist bewusstseinsnähere Anteil am Gesamtgeschehen, der haltgebende und (unter)stützende Teil ist der implizite, hintergründige und latente, meist bewusstseinsfernere Anteil.

Fritz Perls schildert hierzu in seiner Autobiographie (1981) ein beeindruckendes Beispiel: Er arbeitete mit einem professionellen Geigenspieler, der aus unerklärlichen Gründen nach nur fünfzehnminütigem Spielen einen Krampf in der linken Hand bekam, wenn er als Solist vor dem Publikum stand; er bekam diesen Krampf aber nicht, wenn er im Orchester saß und spielte. Neurologisch ergab sich kein Befund, eine jahrelange Psychoanalyse mit verschiedenen Therapeuten war erfolglos geblieben. In Zusammenarbeit mit Fritz Perls erledigte sich das „Problem“ offensichtlich binnen weniger Sitzungen: Perls ließ sich von ihm sowohl im Sitzen als auch im Stehen vorspielen und beobachtete, dass der Mann sich in der Art und Weise, wie er stand, keine adäquate Unterstützung gab. So kam er mit der Zeit ins Schwanken „und musste seine Balance beinahe von Sekunde zu Sekunde wiedergewinnen. Diese Unausgewogenheit wirkte sich als Stress auf die obere Körperhälfte und vor allem auf die linke Hand aus… Mein Patient hatte genügend Halt, wenn er saß. Im Stehen dagegen gab ihm sein Stand nicht genügend Halt für die schwierigen

Fingerbewegungen der linken Hand" (87). Anstatt den Spieler zu psychoanalysieren, brachte Perls ihm bei, wie er so stehen konnte, dass sein Stand sein Spielen angemessen unterstützte. Diese (wenngleich nur knappe) Fallbeschreibung dieses Patienten verweist auf das, worum es uns in diesem Buch hier geht: Der Mann hatte den Ehrgeiz, Solist zu werden. Das verlangte, aus der Anonymität des Orchesters hervorzutreten und dazu zu stehen. Dabei fehlte es ihm offensichtlich nicht so sehr an spielerischem Können als vielmehr wahrscheinlich psychisch wie physisch an ausreichender Unterstützung (Erdung) und Zentrierung (Halt) in sich selbst, was sich in seiner unzulänglichen Weise zu stehen manifestierte.

Die genannten Beispiele zeigen uns, dass explizites Verhalten, wenn es funktional angemessen sein soll, durch implizite haltgebende Prozesse ***selbstverständlich unterstützt*** werden muss. Lore Perls, eine Mitbegründerin der Gestalttherapie, griff auf diese Zusammenhänge zurück, als sie ihr so genanntes Kontakt-Support-Modell formulierte (1989): „Die Kontaktfunktionen... finden auf dem Hintergrund der organismischen Funktionen statt, die normalerweise unbewusst sind und für selbstverständlich gehalten werden; aber sie sorgen für die notwendige Stützung (support) der Vordergrundfunktion des Kontakts" (62). Zu dieser Stützung zählt Laura Perls (103) „...die primäre Physiologie (wie Atmen und Verdauen), die aufrechte Haltung und die Koordination der Bewegungen, die Sensibilität und Beweglichkeit, die Sprache, die Gewohnheiten und Sitten, soziale Verhaltensweisen und Beziehungen ... Kurz gesagt: all das, was wir gewöhnlich für selbstverständlich halten und worauf wir uns verlassen...". Fritz Perls meinte, dass Selbst-Support die Hilfe von außen ersetze (1981, 20). Dies ist sicherlich nicht so absolut zu verstehen, wie es zunächst klingt. Andere selbstverständlich um Unterstützung bitten zu können, wenn man sie wirklich benötigt, zeugt ebenfalls von Selbstunterstützung. Selbst-Support ergänzt somit die Unterstützung von außen um eine wesentliche Dimension. Eine mangelnde oder fehlende Koordination von impliziter Stütz- und expliziter Kontaktfunktion hat demnach erhebliche Folgen, denn „wenn man versucht, mit etwas Kontakt aufzunehmen, wofür ausreichende und adäquate Stützung fehlt, erlebt man Angst" (Votsmeier-Röhr 2005, 4).

Nach dem ebenfalls gestaltpsychologisch orientierten Neurologen Kurt Goldstein (1934) bewirkt deshalb eine mangelhafte Zentrierung eine Des-Integration der organismischen Funktionen. „Je mehr Zentrierung erreicht ist, um so weniger treten in den Reaktionen des Organismus Reflexe auf, um so mehr eigentliche Leistungen" (115), das heißt, komplexe ganzheitliche Verhaltensweisen. Zentriertheit gehe einher mit der Fähigkeit zu produktivem und sinnvollem Handeln aus der ganzen Persönlichkeit, zu sinnvollem Wechsel der Einstellung und „schöpferischer" Anpassungsfähigkeit (314). Umgekehrt gehe eine Einbuße an Zentriertheit einher mit einer Einschränkung an Freiheitsgraden, einer geringeren Einheitlichkeit und Festigkeit des Erlebens, einer geringeren Variabilität der Stellungnahme und geringerer Offenheit gegenüber der Welt, insgesamt ein „Herabsinken von bewusster Stellungnahme und Erleben zu mehr passiv bestimmtem Leben… Die Beobachtung lehrt uns unschwer, dass der Mensch seinem Wesen nach ein zentrierteres Geschöpf ist als alle Tiere" (315). Zentrierung steht also in einem direkten Zusammenhang mit der Komplexität der Organisation von Organismen und der Entwicklung von Individualität (315). Zugleich aber sei aufgrund eben dieser Komplexität und Individualität die ideale Zentrierung am schwierigsten zu erreichen: „Für ein solches Geschöpf ist es offenbar am allerschwierigsten, sein Wesen zu verwirklichen" (354). Zentrierung stellt somit gewissermaßen ein Organisationsprinzip des Wahrnehmungs- und Handlungsfeldes, des Erlebens und Denkens einschließlich der Entwicklung und der Persönlichkeit dar. Für bestimmte Zustände ist jedoch ein drohender oder tatsächlicher Verlust dieser Zentriertheit und der damit verbundenen Ausrichtung zur Welt kennzeichnend. Solche de-zentrierte Zustände sind

- Zustände emotionaler Übererregtheit, von völligem „Außer-sich-Sein" zum Beispiel vor Angst oder Wut;
- Zustände der Bewusstseinsdiffusion (Trance, Absence) und der Konfusion (Verwirrung; nicht mehr wissen, was wesentlich und wichtig, bedeutsam ist) und der Dissoziation („Ausblendung", „Zersplitterung");
- Zustände innerer Halt- und Bodenlosigkeit („das zieht einem den Boden unter den Füßen weg", „da tut sich ein Abgrund auf", „in ein Loch fallen");
- Verlust von Integration und Koordination;
- Verlust des Selbstverständlichen (der Selbstregulation);
- Verlust an Selbständigkeit, an innerer Autonomie und an Freiheitsgraden.

Zentrierung ist also ein innerer organisierender, haltgebender und dadurch die Ausrichtung zur Welt im Fühlen, Denken und Handeln (unter-)stützender Hintergrundprozess. Letztlich meint Zentrierung einen „Modus des Zu-sich-selbst-Kommens" (nach Martin Heidegger) und des Bei-sich-selbst-Seins, die Fähigkeit und Notwendigkeit des Menschen, bei sich selbst seiend in der Welt zu sein, anstatt völlig außer sich zu sein, wenn er in der Welt ist. Zentrierung stellt dann eine Art „inneren Grund" dar als Metapher für das essentielle Ge***halten***- und Getragensein (Ruhen) des Menschen in sich selbst, aus dem heraus er dann intentional in die Welt hervor- und hinaustritt (lateinisch „ex-sistere"). Dies deckt sich mit den Anschauungen von Rollo May (1990), einem der Vorreiter einer Existentiellen Psychotherapie in den USA: Nach ihm ist jede Person in sich zentriert und hat das Bedürfnis, ihre Zentrierung zu erhalten. Ein Angriff auf diese Zentriertheit sei ein Angriff auf ihre Existenz schlechthin, und Neurose sei eine Maßnahme, seine eigene Zentriertheit zu bewahren. Auch in der modernen Selbstpsychologie gilt Zentralität als ein wesentliches Merkmal des Selbstbezuges: Das Selbst wird als zentrales Organisationsprinzip verstanden, welches Prozesse der Selbstregulierung im Organismus-Umwelt-Feld, des inneren Zusammenhangs und Zusammen***halts*** (der so genannten Kohärenz), der Autonomie und der Initiative sowie eine zentrale konfliktfreie Sphäre umfasst. Diese konfliktfreie Sphäre jenseits aller bedrohlichen und schuldhaften inneren und äußeren Konflikte gilt als ein zentraler, „unberührter" und „unberührbarer" Kernbereich des Selbst. Ich werde darauf im letzten Kapitel noch einmal zurückkommen.

Zentrierung beziehungsweise Zentriertheit stellt also ein wesentliches Merkmal des Selbst- und Weltbezuges dar. Für unsere weiteren Betrachtungen sind jedoch noch zwei Ergänzungen notwendig: Da menschliches (Er-) Leben immer zugleich leibhaftiges Leben ist, ist für die primäre Verortung des Menschen seine Leiblichkeit konstitutiv, das heißt, seine Leiblichkeit *ist* bereits die Verkörperung des Zentrierungsprinzips. Der Mittel- und Verankerungspunkt unserer Ich- oder Selbst-Funktionen ist also stets zugleich ein organismischer! Darüber hinaus muss die Zentrierung des Menschen sich situationsentsprechend verlagern können, damit unser Denken, Fühlen und Handeln situationsangemessen ist: Zum Beispiel bedarf motorische Fortbewegung einer anderen Zentrierung als die mentalen Prozesse. Es gibt also mehrere Möglichkeiten der organismischen Verortung unserer Ich- oder Selbstfunktionen. Während Schmitz (1998) nur von zwei Ich-Zentren ausgeht – eines im Kopf und eines hinter dem Nabel oder in der Beckengegend (3/1, 242f) –, muss man meines Erachtens sowohl im Hinblick auf unser Alltagsleben als auch auf unsere psychospirituelle Entwicklung mindestens eine dreifache Zentrierung annehmen (siehe auch Wagner 1994 & 2006):

- Der ***Bauch-Becken-Raum*** ist der Raum unserer Vitalität und des psychovegetativen Wohlbefindens überhaupt, zugleich unsere Antriebs- und Bewegungsmitte. Das der fernöstlichen Tradition entlehnte japanische Wort ***Hara*** bezeichnet diese Bauch-Zentrierung (siehe Dürckheim 1970). Mit der Hara-Zentrierung ist das ***vitale Daseins- und Selbstgefühl*** des Menschen, sein ursprüngliches und selbstverständliches Gefühl von Lebendigkeit und Vertrautheit mit dem Leben verbunden. Die Hara-Zentrierung wird erfahren als ein innerer ***Ort der Souveränität*** („sicherer Ort") und als ***vitale Kraftquelle***. Sie stellt eine innere Ressource dar, wie sie für die Regulierung massiver Irritationen und für die Bewältigung drohender Gefährdungen der Unversehrtheit des Organismus unentbehrlich ist.

- Der ***Herz-Atem-Raum*** (Brustkorb) ist der Raum, in dem sozusagen unsere von unten aufsteigende Vitalität sich mit den absteigenden Einstellungen und Gedanken verbindet und in Beziehung gebracht wird, sei es in Beziehung zu Mitmenschen, zur dinglichen oder zur geistigen Welt. Er lässt sich allgemein als Beziehungszentrum, als der ***Ort des Fühlens*** und die ***Quelle von Verbundenheit*** bezeichnen. Mit der Herz-Zentrierung ist das ***personale Selbstgefühl*** des Menschen verbunden. Dieses Selbstgefühl ist stets ein ***bezogenes*** Selbstgefühl und beinhaltet unausgesprochen eine unmittelbare und ursprüngliche Selbstbejahung ***und*** Bejahung des Du (Selbst- und Urvertrauen). Die Herz-Zentrierung stellt eine innere Ressource für die Regulierung zwischenmenschlicher, konflikthafter oder ambivalenter Beziehungskonstellationen dar.

- Der ***Kopfraum*** ist der Ort des rationalen Denkens und der intellektuellen Erkenntnis, des Planens und Fantasierens, der Vorstellungs- und geistigen Willenskraft, der Identifikation und Dis-Identifikation (Distanzierung), der Konzentration und Kontemplation, der Reflexion (Spiegelung) und Einsicht, der Innenschau und Vision, der Intuition und Erleuchtung. Hier liegt somit das geistige Zentrum oder Bewusstseinszentrum der Person, der ***Ort der Klarheit*** und die ***Quelle von Licht*** (als eine Metapher für Geist oder Bewusstsein). Mit dieser Zentrierung verbunden ist das ***Selbstbewusstsein*** des Menschen im Sinne einer Bewusstheit und Bejahung seiner selbst als selbstreflexives Subjekt.

Die im Kopfraum zentralisierten Prozesse sind mental und lichthaft; sie weisen den hellsten Bewusstheitsgrad auf. Die im Bauch-Beckenraum zentralisierten Prozesse sind vital; dies ist die Sphäre des dumpfen Lebens-Bewusstseins. Die im Brustraum zentralisierten Prozesse sind beseelend; dies ist die Sphäre unseres Selbstbewusstseins. Es ist dies sozusagen ein absteigender, erhellender Bewusstseinsstrom, verbunden durch einen zirkulierenden Beseeltheitsstrom mit einem aufsteigenden, vitalisierenden Kraftstrom. Die Prozesse unseres Bewusstseinsstromes sind optimalerweise klar und rein spiegelnd (reflektierend), die des aufsteigenden Lebensstromes antriebshaft und kraftvoll, die des Selbststromes gefühlshaft und bezogen. Die vitalen Kräfte sind also im Bauch-Becken-Raum zentriert, die mentalen Bewusstseinskräfte im Kopf-Raum und dazwischen die beseelenden Kräfte im Herz-Atem-Raum. Den Bauch-Becken-Raum als Zentrum unserer vitalen Lebenskraft bezeichne ich als den ***Tempel des Lebens***; er korrespondiert mit unserem vitalen Daseins- und Selbstgefühl. Den Herz-Atem-Raum als Zentrum unserer beseelenden Kräfte nenne ich den ***Tempel der Liebe***; er korrespondiert mit unserem bezogenen Selbstgefühl. Und den Hirnraum als Zentrum der mentalen Kräfte bezeichne ich als den ***Tempel des Lichts***; er korrespondiert mit unserem Selbstbewusstsein. Dass ich metaphorisch von Tempeln spreche, hat folgenden Grund: Tempel waren geweihte Stätten zur Verehrung des Göttlichen (griechisch ***temenos,*** enthalten im Begriff Tempel), zugleich Orte der Kon***templation***. Alle später beschriebenen Zentrierungsübungen haben dementsprechend einen kontemplativen Charakter.

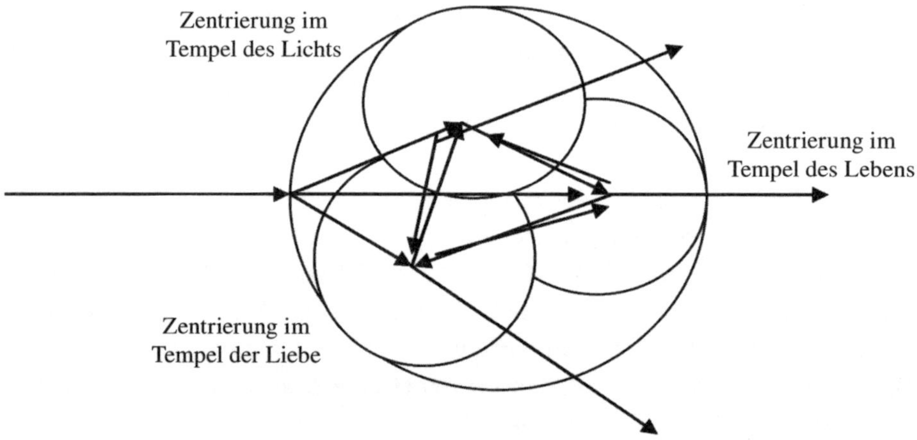

Abb. 3: Zentrierung

Alle Zentrierungen organisieren sich entlang einer zentralen Achse, die sich in der Leibesgestalt des Menschen in seiner Aufrichtung verkörpert. Mit der Erdung und Aufrichtung tritt der Mensch ins Dasein, mit der Zentrierung findet er eine essentielle Verortung in sich selbst, mit der Ausrichtung einen Bezug zur Welt. Erdung/Aufrichtung und Zentrierung bilden die implizite haltgebende Struktur für die explizite Ausrichtung des Menschen zur Welt. Aufrichtung und Erdung, Ausrichtung und Zentrierung stellen deshalb sozusagen das Grundgerüst für alle Prozesse der organismischen Selbstregulation und Selbst-Stützung dar, die in der modernen

Psychotherapie als die Basis für seelisches Gleichgewicht und Gesundheit, für die psychosoziale Widerstands- und Stressbewältigungsfähigkeit (Resilienz) und für personale Kompetenz angesehen werden. Ohne Zentrierung und Ausrichtung kann der Mensch in der Welt nicht wirksam sein; man spricht hier in der modernen Psychologie auch von Selbstwirksamkeit.

Das Prinzip der Zentrierung ist aber kein abstraktes Konstrukt, sondern ein empirisches Faktum im doppelten Sinne des Wortes: Es ist ebenso objektiv nachweisbar wie subjektiv erfahrbar, wie wir in den Übungen später sehen werden. Objektiv nachweisbar ist es in der Zentralisation von organismischen Funktionen in der stammesgeschichtlichen Dreigliederung des Gehirns (Hirnstamm, Mittelhirn und Kortex, auch Reptilienhirn, Säugetierhirn und Menschenhirn genannt) sowie in der Zentralisation der vitalen Eingeweidefunktionen im so genannten Bauchhirn (dem Enterischen Nervensystem, Gershon 2001), der gefühlsmäßigen Beziehungsfunktionen im Herz-Kreislauf-System (Pearsall 1999) und der Bewusstseinsfunktionen im Zentralnervensystem, also im Großhirn. Diese funktionale und strukturelle Dreigliedrigkeit des menschlichen Organismus geht letztlich aus den drei embryonalen Keimblättern hervor (siehe Wagner 2006, 126, Anmerkung 9). Forschungen haben außerdem gezeigt, dass es biologische Oszillationssysteme gibt, die unter anderem in tieferen Teilen des Gehirns, im Herzen und im Eingeweidesystem liegen. Hierbei handelt es sich um Zellgruppen, die eine rhythmische Oszillation produzieren (Tiller 1996). Indem man die Aufmerksamkeit in bestimmter Weise auf diese Oszillations- und Organsysteme fokussiert, kann man deren Rhythmus verändern. Davon handeln die Übungen in diesem Buch. Die Synchronisation aller drei Oszillationssysteme beziehungsweise der neuronalen Netzwerke bestimmter Hirnareale, des Herzens und des Eingeweidesystems stellt einen besonderen Zustand von organismischer Selbstregulation und innerem Zusammenhalt (Kohärenz), von emotionaler Stabilität und Selbstwirksamkeit dar. Menschen, die sich in der Erzeugung dieses Zustandes üben, berichten gehäuft von damit einhergehenden spirituellen Erfahrungen (Childre & McCraty 2001).

Zentrierung ist also ein umfassendes, leib-seelisch-geistiges Prinzip und Phänomen. Unsere Selbstbezüglichkeit ist leiblich *ge*gründet, wie wir im Abschnitt über Selbstregulation gesehen haben, wenngleich unter Umständen dadurch nicht hinreichend *be*gründet – zumindest auf der höchsten Stufe des menschlichen Selbstbewusstseins! Deshalb spiegelt sich in der gelebten und erlebten Beziehung des Menschen zu seiner Leiblichkeit häufig sein Selbstverhältnis wider. Dies zeigt sich unter anderem in Körperselbstbildern. Körperselbstbilder sind Darstellungen, Ausdruck und Veranschaulichung der Beziehung eines Menschen zu seiner eigenen Leiblichkeit mittels Farben und Formen durch Malen und Zeichnen, Tonerde oder Plastilin, Collagen und andere Materialien. Ich lasse von denjenigen Menschen, die ich ein Stück ihres Weges durch manchmal schwierige Phasen ihres Lebens begleiten darf, häufig Körperselbstbilder malen. Hierbei zeigt sich immer wieder, dass die in den Körperselbstbildern dargestellten Beziehungsaspekte des Menschen zu seiner eigenen Leiblichkeit Ausdruck und Abbild seines Verhältnisses sowohl zu sich selbst als auch zur Welt sind. In der Beziehung des Menschen zu seiner Leiblichkeit verkörpert sich stets zugleich sein Selbst- und Weltbezug. Deshalb lassen sich in den Körperselbstbildern oft auch Hinweise auf den Aspekt der Zentrierung und Ausrichtung der Person finden. Dies zeigt sehr anschaulich das Körperselbstbild einer Klientin (siehe Abb. 4, Farbtafeln): Man beachte den hohlen Bauchraum, den eingeschnürten Herzraum mit einem „dunklen Tunnel" und den „erhitzten" Kopfraum – all dies sind Hinweise auf eine mangelnde Verortung in sich selbst in den drei Zentrierungsmöglichkeiten. Damit einher gingen ein vitaler Antriebsmangel und eine depressive Grundgestimmtheit, unausgedrückte beziehungsorientierte Gefühle und Bedürfnisse sowie eine Perspektiv- und Orientierungslosigkeit (Sinn-Leere). In den fehlenden Gliedmaßen und Sinnesorganen deutet sich die Hilflosigkeit (Angst) an im Sinne der tatkräftigen Selbstrealisierung aus sich selbst heraus- und in die Welt hinauszutreten, anstatt sich innerhalb ihrer Selbstgrenzen zurückzuziehen (siehe die harten Körperkonturen). Was im Selbsterleben verblieb, war ein Gefühl der Ohnmacht im Hinblick auf ihre Möglichkeiten der Selbst- und Weltgestaltung.

Sie werden also, liebe Leserin und Leser, in diesem Buch eine Reihe von Zentrierungsübungen kennen lernen. Dabei wird hoffentlich deutlich, dass die Zentrierung im Bauch-Becken-Raum tatsächlich eine primäre implizite Stützung für unser vitales Daseins- und Selbstgefühl darstellt – daher auch die metaphorische Bezeichnung als „Tempel des Lebens". Ebenso stellt die Zentrierung im Herzraum eine Stützung für das bezogene Selbstgefühl dar, sowohl für die Beziehung zu sich selbst als auch zur Welt – daher die Bezeichnung „Tempel der Liebe". Und genauso stellt die Zentrierung im so genannten dritten Auge, im „Tempel des Lichts", eine Stützung für alle Bewusstseinsprozesse dar. Da wir ein selbstreferentielles System sind, (unter-) stützen sich die Zentrierungen auch gegenseitig. Die Zentrierung im Tempel des Lebens bildet somit nicht nur eine Stützung für die Prozesse des vitalen Daseins- und Selbstgefühls, sondern auch für solche des bezogenen Selbstgefühls und des reflexiven Selbstbewusstseins. Die Zentrierung im Tempel der Liebe stützt ebenso die Prozesse des vitalen Daseins-/Selbstgefühls und der Selbstreflexion, wie die Zentrierung im Tempel des Lichts die Prozesse des vitalen und bezogenen Selbstgefühls unterstützt. Deshalb ist es notwendig, ***alle drei*** Zentrierungen zu üben.

Selbstgestaltung

Wie bereits erwähnt, sind Zustände emotionaler Übererregtheit als de-zentrierte Zustände anzusehen. Neurophysiologisch betrachtet ist unser Organismus mit der Verarbeitung von Zuständen der Übererregtheit überfordert, weshalb er sich auf primitivere, einfachere Verhaltens- und Erlebensmuster zurückzieht (Kampf, Flucht, Erstarrung, Regression, Vermeidung). Ein Mindestmaß an Selbst- und Weltvertrauen, die beiden Komponenten des so genannten Urvertrauens, hemmen solche Übererregtheitszustände und ermöglichen somit, sich den Erschütterungen des Lebens zu stellen und neue, alternative Erfahrungen zu machen. Selbstvertrauen ist jedoch im Wesentlichen nichts anderes als Vertrauen in die Selbststützungs- und Selbstregulationsfähigkeit, denn diese bilden die Basis der daraus resultierenden Selbstwirksamkeit. Dazu bedarf es

- der Fähigkeit der differenzierten Selbstwahrnehmung,
- der Fähigkeiten der Herabregulierung psychophysiologischer Erregung und negativer Affekte (Selbstberuhigung),
- der Fähigkeit der Generierung positiver Affekte oder Befindlichkeit sowie
- der Fähigkeit der inneren Distanzierung (Selbstreflexion).

Diese Maßnahmen können einerseits explizit, also bewusst und mental, meist bildhaft oder sprachlich gesteuert, sozusagen „von oben nach unten“ erfolgen (Kopf → Körper) – man spricht hier volkstümlich von Selbstkontrolle oder Selbstbeherrschung. Sie können jedoch auch bild- und sprachlos, sozusagen „von unten nach oben“ (Körper → Kopf) als selbstverständliche Verfügbarkeit von im Leibgedächtnis „eingefleischtem“, so genanntem implizitem Wissen erfolgen. Selbststützung in Form einer anreizunabhängigen, gewohnheitsmäßigen Selbst- und Verhaltensbahnung (siehe Kuhl 2001) setzt Übung voraus. Die „Einfleischung“ von Selbstunterstützungsmaßnahmen durch Übung ist von größter Bedeutsamkeit, da das primäre Selbstgefühl kaum von Denken und Sprache abhängt, dementsprechend die Selbstkontrollachse Kopf → Körper ohne implizite Selbststützung nur bedingt funktioniert. Fritz Perls (1981) spricht in diesem Zusammenhang von „guten“ Gewohnheiten: Solch „gute“ Gewohnheiten seien „ökonomische Einrichtungen der Natur“, „eine Lebenshilfe“ und „Teil eines Wachstumsprozesses“, weil sie potentielle Fähigkeiten aktualisieren (68). Die Verfügbarkeit selbstmodulatorischer Prozesse wie Atmen und Verdauen, des psychophysischen Erregungs- und Spannungsniveaus, der Aufmerksamkeits- und Gedankenprozesse ist wiederum eine Sache der Selbstverständlichkeit und Stabilität der Zentriertheit in uns selbst, die uns inneren Halt gibt vor jeglicher zusätzlichen Selbsthilfemaßnahme.

In diesem Buch werden Sie also eine Reihe von Übungen kennen lernen. Diese Übungen sind ebenso mental wie leibhaft, das heißt, sie bedürfen ebenso sehr der Konzentration und Imagination wie der Körperempfindung und des Leibbewusstseins. Dies ist so, weil die meisten selbstregulatorischen Prozesse und das primäre Selbstgefühl leibhaftig und implizit, also unbewusst, maximal vorbewusst und präverbal und damit rein kognitiv und verbal nicht erreichbar sind. „Reden über“ führt hier also nicht weiter. Auch Imaginationsübungen bleiben so lange bloße Vorstellung, solange sie nicht mit unserem existentiellen Dasein und essentiellem Sosein verbunden werden. Dies geschieht durch ein „ganzheitliches inneres Empfinden“ (***felt sense***, Gendlin & Hendricks-Gendlin 2006), eine Form des leiblichen Gewahr- und Inneseins, Erspürens und Fühlens. Da über neunzig Prozent der Erregungsübertragungen innerhalb des zentralnervösen Systems (also im „Kopfhirn“) stattfinden und nur maximal zehn Prozent über so genannte „Körperschleifen“ im Austausch mit dem Körper stehen, muss Imagination, wenn sie sich verkörpern soll, die Körperempfindung einbeziehen und mit leiblichen Prozessen verbunden werden! So zeigt sich zunehmend, dass die in der Traumatherapie etablierte Imaginationsübung des „sicheren Ortes“ nach Reddemann (2007) weitaus effektiver ist, wenn sie nicht nur rein imaginativ erfolgt, also sozusagen in der Fantasie („stecken“) bleibt, sondern man sich tatsächlich auch um die Verkörperung dieses „sicheren Ortes“ bemüht. Ohne leibliche Verankerung (Zentrierung) bleibt jeder Selbstbezug abstrakt, rein verbal und mental, völlig „saft- und kraftlos“. Wenn die Fantasie des „sicheren Ortes“ nicht in uns leiblich verankert wird, ist und bleibt sie reine Fantasie.

Darüber hinaus müssen diese „Körperschleifen“ entsprechend dem neurobiologischen Motto „use it or lose it“ durch Übung sozusagen „verbreitert“ und stabilisiert werden. Nur so können Informationen aus dem aktuellen Körpererleben auch eine zentralnervöse (geistige, mental-kognitive) Umstrukturierung bewirken. Dies gilt nicht nur für die Psychotherapie, sondern für jede Art von Selbstentwicklung, denn die Struktur unseres Gehirns, unseres Erlebens und Verhaltens wird nicht nur in der frühen Kindheit, sondern ein Leben lang durch neue Erfahrungen geprägt. Andererseits wissen wir, wie schwer es ist, unser Erleben und Verhalten vorsätzlich und willentlich zu verändern. Veränderungsprozesse über die leibliche Ebene des Erlebens und Verhaltens bewirken die unmittelbarsten und wirksamsten Veränderungen. Einsicht allein reicht hier nicht aus, vor allem dann nicht, wenn sie verbal zu vermitteln versucht wird und nicht aus der unmittelbaren Erfahrung kommt. Das ist in den verschiedensten psychotherapeutischen und spirituellen Richtungen ein schon lange bestehendes Erfahrungswissen, und inzwischen belegt dies auch eine Fülle von neurowissenschaftlichen Studien (siehe Gottwald 2008). Veränderungsprozesse kommen also durch möglichst eindrückliche und ganzheitliche, insbesondere leibhaftige neue Erfahrungen zustande – und so auch durch Übung. Die in diesem Buch vorgeschlagenen Übungen sind deshalb so aufgebaut, dass als Einstieg zunächst eine bildhafte, konkret-anschauliche Visualisierung angeboten wird, diese dann sozusagen mit unserer Leiblichkeit verbunden und schließlich vertiefend in eine bildlose Übungsform übergeführt wird. Eine Übungsreihe führt Sie also vom bildhaften Visualisieren über das empfindende Vergegenwärtigen zum bildlosen, ganzheitlichen Gewahrsein, zu einem spürenden, fühlenden Inne-sein!

Welcher Art von Übung bedarf es hierfür? Im allgemeinen pragmatischen Verständnis, zum Beispiel im Sport und Arbeitsleben, ist Übung wenig erfahrungs- und erkenntnisorientiert, sondern eher stereotyp oder gar mechanisch angelegt. Sie wird fast ausschließlich instrumentell verstanden, als ein „Mittel zum Zweck“. Die entsprechende Fragestellung lautet: ***Was*** soll diese Übung bewirken? Ein solches Übungsverständnis ist ergebnis- und ziel-orientiert. Das Wort „üben“ bedeutet ursprünglich (wortstammesgeschichtlich) unter anderem ***den Boden bearbeiten*** und bereiten (Bollnow 1978, 20 fortfolgend). In unserem Übungsverständnis sind der zu bearbeitende Boden wir selbst. Die entsprechende Fragestellung lautet dann: ***Wie*** wirkt diese Übung (auf mich)? Oder: ***Wie*** bin ich gefordert durch diese Übung, und ***wie*** fördert sie mich? Ein solches Übungsverständnis ist erfahrungs– und entwicklungsorientiert (siehe Wagner 2006). Ihr Sinn „ist nicht die sichtbare Leistung, sondern ein „innerer Gewinn“ (Dürckheim 1970, 29). Das primäre Anliegen dieser Übungsweise ist also nicht, eine bestimmte Fertigkeit zu erreichen, sondern vor allem, eine bestimmte innere Verfassung zu erlangen. Die wesentlichen Merkmale einer so verstandenen Übung sind Bewusstheit und Regelmäßigkeit (Wiederholung). Die regelmäßige Wiederholung macht, dass sich das Geübte verkörpert, also so in Fleisch und Blut, ins implizite Leibgedächtnis übergeht, dass es selbstverständliche

Gewohnheit wird. Die Bewusstheit hebt diese Selbstverständlichkeit wieder auf, da jede Gewohnheit die Gefahr der Abstumpfung und der seelenlosen Mechanisierung beinhaltet. Bewusstheit und regelmäßige Wiederholung führen so von außen nach innen zu einer ureigenen und tieferen, organismischen Verfügbarkeit und Weisheit.

Dies ist die ***Übung als Selbstgestaltung*** im Unterschied zur Übung im Dienste der Weltgestaltung. Selbstgestaltung ist überhaupt nur deshalb möglich, weil wir in einem Selbstverhältnis stehen, zugleich Subjekt (= ich) ***und*** Objekt (= sich oder mich) unserer selbst sind! Selbstgestaltung durch Übung meint, eine Arbeit an sich zu verrichten, die uns selbst (unter-)stützt und stärkt (Schmid 1998, 30). Selbstgestaltung impliziert deshalb auch, die Verantwortung für sich, für seine Entwicklung und sein Leben wahrzunehmen. Selbstgestaltung ist zugleich ein Weg der Selbstfindung und Selbstverwirklichung insofern, als dadurch erst die uns innewohnenden Möglichkeiten entdeckt, entwickelt und verwirklicht werden. Dies verlangt ebenso erfahrungsorientiert wie selbstreflektierend, ebenso experimentell (auf den Versuch hin, ausprobierend) wie kontinuierlich übend vorzugehen. Übung als Selbstgestaltung ist aber niemals Selbstzweck, „sondern (ist) auf das ernsthafte Leben bezogen, für das es übt. Darum kommt es darauf an, dass der Mensch, nachdem er im Üben die richtige innere Verfassung, die innere Freiheit und Gelassenheit gefunden hat, ins handelnde Leben zurückkehrt, um dort in Verantwortung seine Aufgaben zu erfüllen. Diese sind dieselben Aufgaben geblieben, wie sie vorher waren, ehe sich der Mensch ins Üben zurückzog, aber er kann sie jetzt in einer neuen, innerlich freien und gelassenen Weise – und eben darum besser – erfüllen, als es ihm vorher möglich war“ (Bollnow 1978, 98). Ein Übungsweg, der nicht zurück in den Alltag führt und diesen befruchtet, ist kein adäquater Übungsweg. In unserem Sprachgebrauch: Selbstbezug und Weltbezug, Zentrierung und Ausrichtung gehören unabdingbar zusammen! Weil aber im Alltagsleben der Mensch immer wieder diese innere Verfassung zu verlieren droht, ist es einerseits notwendig, in der Übung zu bleiben, sie also immer wieder, womöglich täglich, aufzunehmen, andererseits den Alltag selbst zunehmend als Übungsfeld zu nehmen (Dürckheim 1983).

Vitales Daseins- und Selbstgefühl – vom Scheitel bis zur Sohle

Ich bin Leben, das leben will, inmitten von Leben, das leben will.

ALBERT SCHWEITZER

Das Dasein ist köstlich.
Man muss nur den Mut haben, sein eigenes Leben zu führen.

PETER ROSEGGER

Jede Aussage, die ein „Ich bin..." beinhaltet, umfasst unausgesprochen mindestens zweierlei: Eine Daseinsbekundung, also ein „Ich ***bin da***", und eine Identitätsbekundung, also ein „Ich ***bin ich***". Dasein und Selbstsein (Identität), Existenz und Essenz[3] sind also letztlich nicht voneinander zu trennen. Jede Daseinsbekundung verweist auf ein vitales Daseins- und Selbstgefühl im Sinne eines unbezweifelbaren Gefühls, ***dass*** und ***wie*** wir uns in der Welt befinden, dass wir ***im*** Leben sind und uns ***lebendig*** fühlen. Wir empfinden und spüren diesen allgemeinen vitalen Zustand unseres Seins in Form einer aktuellen und vorübergehenden oder relativ beständigen, überdauernden Befindlichkeit von Belebtsein und Lebendigkeit. Diese Befindlichkeit geht einher mit Empfindungen von Wohl- oder Unbehagen, Lust oder Unlust, Anspannung oder Entspannung, Angeregtheit und Aufregung oder Ruhe und Indifferenz, Ausgeglichenheit oder Unausgeglichenheit, Elan und Spontaneität oder Lethargie und Müdigkeit, vitaler Präsenz oder Absenz und so weiter. Dieses vitale Daseinsgefühl *ist* zugleich unser fundamentales, primäres Selbstgefühl. Es ist die Erfahrung der ureigenen Lebendigkeit, also dass ***ich*** es bin, der Lust (Wohl-

3 Essenz bedeutet in der Philosophie Wesenheit oder Sosein und wird traditionell unterschieden von Existenz, dem Dasein. Selbstsein ist ursprünglich ein Begriff der Existenzphilosophie des 20. Jahrhunderts, der dem Begriff des Wesens, der Essenz, sehr nahe kommt, wenn nicht gar entspricht (zum Beispiel bei Jaspers, siehe Ritter & Gründer, 1995). Ich finde, Selbstsein ist auch ein äußerst psychologischer Begriff, wie ich im Abschnitt über Selbstbewusstsein versuchen werde aufzuzeigen. Inzwischen hat dieser Begriff sogar Eingang in die neurobiologische Literatur gefunden (siehe Siegel 2007).

behagen) und Unlust (Unbehagen), Anspannung und Entspannung, Angeregtsein und Beruhigung erlebt, dass ***ich selbst*** der Ort und die Quelle von Aktivität und Ruhe, von Spontaneität und Präsenz, von Neugierde und Bewegungslust bin. Das vitale Daseins- und Selbstgefühl ist das „Selbst-als-Lebendiges" (Siegel 2007, 261); es bleibt zwar meist im Hintergrund unseres Bewusstseins, verleiht aber unserem Leben eine bestimmte Tönung oder Färbung.

Das vitale Daseins- und Selbstgefühl ist an die Fähigkeit zur Selbstwahrnehmung geknüpft als ein vorbewusstes körperbezogenes Fühlen oder Spüren (***bodily felt sense***) unserer eigenen Befindlichkeit. Es repräsentiert die „dumpf" gefühlten und erspürten Zustandsveränderungen des Organismus bei jenen organismischen Selbstregulationsprozessen, die normalerweise vorbewusst, aber prinzipiell bewusstseinsfähig sind (Damasio 2007, 205). Es handelt sich hierbei um eine Art „reflexiver Sinnlichkeit". Was heißt das? Beim Tasten zum Beispiel erspüre ich nicht nur das ertastete Objekt, sondern stets zugleich ich mich selbst. Ebenso geht mit der leiblichen Bewegung das Bewegungsempfinden einher, das heißt, ich bewege mich nicht nur, sondern beim Bewegen spüre ich mich selbst; unsere Muskulatur ist nicht nur ein Ausführungs- und Bewegungsorgan, sondern zugleich ein *sich* selbst spürendes Sinnesorgan! Die relativ expansiv-spannungsvolle Ausdehnung und Weitung im tiefen, vollen Einatmen geht einher mit einer Erlebnisqualität von Fülle und Weite; die relative Lösung und Entspannung im Ausatmen, zum Beispiel im Seufzer, geht einher mit einer Erlebnisqualität von Lösung und Hingabe („loslassen"). Diese reflexive Sinnlichkeit steht somit im Dienste der Regulation der eigenen Befindlichkeit. Entwicklungspsychologisch relevant ist hierbei auch noch die Möglichkeit des Sich-selbst-Ertastens: Im Sich-selbst-Ertasten des Kleinkindes finden wir bereits eine Art leibliche Selbstreflexion vor. Bereits bei den Schimpansen und bei Menschenkindern ab ungefähr eineinhalb Jahren kommt dann noch dazu, dass sie sich selbst im Spiegel (wieder-) erkennen – Reflexion ist nichts anderes als Spiegelung! Alles in allem heißt das: Es gibt einen Selbstbezug bis in die Sinnlichkeit hinein (Waldenfels 2000, 32). Leiblichkeit impliziert bereits Selbstbezogenheit und Selbstverdoppelung dergestalt, dass ***ich*** (als Subjekt) ***mich*** selbst (quasi als Objekt) wahrnehme. Daraus ergibt sich eben jene „exzentrische Position des Menschen", dass er zugleich sein Leib ***ist*** und einen Körper ***hat*** (Plessner 1975)!

In unserem Daseinsgefühl gegründet und damit untrennbar verbunden ist also ein Gefühl oder Sinn von und für sich selbst, ein Selbstgefühl oder Selbstsinn. Dieser Selbstsinn ist ein erspürter und gefühlter Selbstbezug (***felt sense of self***), der folgende grundlegende Aspekte umfasst (siehe unter anderem Damasio 2007, Ludwig-Körner 1992):

- Vitalität: ein Gefühl der Lebendigkeit (vitales Daseinsgefühl);
- Vertrautheit: eine ursprüngliche und selbstverständliche Vertrautheit mit sich selbst;
- Subjektivität: eine unmittelbar und permanent gegebene implizite, also *vor* jeglicher expliziten Selbstbeobachtung, mentalen Repräsentation oder sprachlichen Mitteilungsmöglichkeit bestehende Gewissheit, dass ich es bin und niemand anders, der wahrnimmt und denkt, fühlt und will (handelt) – diese Bewusstseinsakte sind also bei mir verortet;
- Urheberschaft: die Erfahrung, dass ich der Urheber und Akteur (Ausführender) dieser Bewusstseinsakte bin und durch Zielgerichtetheit sowohl in der biophysikalischen Umwelt als auch in der psychosozialen Mitwelt etwas bewirken kann;
- Kohärenz: die Erfahrung, ein in sich geschlossenes Ganzes zu sein (mit innerem Zusammenhang und Zusammenhalt), verschieden und abgegrenzt vom anderen.

All diese Bewusstseinsakte finden also in meinem persönlichen, subjektiven Bewusstseinsraum statt. Wir verorten und identifizieren diese Bewusstseinsakte unumstößlich in und mit uns selbst! Der Selbstsinn beruht auf der Erfahrung einer eigenen Innenwelt und der eigenen Urheberschaft – also einer Zentrierung der Perspektive und der Eigenaktivität in und bei mir selbst. Während Sie diese Seite betrachten und lesen, sind Sie sich dessen implizit (im Hintergrund) gewiss, dass ***Sie*** es sind, der oder die hier liest – Sie und keine andere Person! (Damasio 2007, 157) Dieser Selbstsinn entsteht demnach automatisch und natürlich in allen Akten des Bewusstseins wie Wahrnehmen und Denken, Fühlen und Wollen, und zwar in Form einer Präsenz eines Subjekts. Diese Präsenz ist meist stumm und diskret im Hintergrund des Geschehens; aber sie ist jederzeit vorhanden (Damasio 2007, 21). Dieser Selbstbezug ist ein unhintergehbares, vorsprachliches und konstitutives Moment jeder Erfahrung (Waldenfels 2000, 265). Dem reflektierenden Selbstbewusstsein ist somit ein vorbewusstes Selbstgefühl mitgegeben oder vorgegeben, sozusagen ein Mit-Wissen um sich selbst im nicht-kognitiven Sinne. Aufgrund dieses primären Selbstgefühls nimmt man sich als mit sich selbst identisch, als „ich selbst“ wahr, erfährt sich als „Eigenes“, das nicht mit anderen identisch ist. Das Wesen des Selbstgefühls ist demnach ein Gefühl von sich selbst als individuellem Wesen! Es ist dies eine Form der Selbstgewissheit, die innere Stabilität und Halt gibt vor und jenseits jeglicher Reflexion darüber.

Das vitale Daseins- und Selbstgefühl beinhaltet zugleich unausgesprochen eine unmittelbare und ursprüngliche, vor-reflexive und nicht weiter ableitbare Lebens- und Selbstbejahung, die sich in einer grundsätzlichen Bejahung oder aber – im gegenteiligen Falle – Verneinung unserer Leiblichkeit verkörpert. Eine solch prinzipielle Verneinung und Ablehnung unserer Leiblichkeit hat Geschichte, und zwar weltweit in allen Kulturen. In einer Schrift Platons können wir folgende Zeilen lesen: „Solange wir noch den Leib haben und unsere Seele mit diesem Übel im Gemenge ist, (werden) wir nie befriedigend erreichen können, wonach uns verlangt, (denn) der Leib macht uns tausenderlei zu schaffen...wenn uns Krankheiten zustoßen, verhindern uns diese, das Wahre zu erjagen, und auch mit Gelüsten und Begierden, Furcht und mancherlei Schattenbildern und vielen Kindereien erfüllt er uns" (1974, 66b). Auf dieselbe Einstellung verweist folgende Übersetzung aus dem Tao-Tê-King, Vers 13: „(Der Grund dafür) dass wir große Leiden haben, ist, weil wir einen Leib haben. Wären wir ohne Leib, was hätten wir für Leid?" (1961) Und in der asketischen Tradition Indiens finden wir ähnliche Worte: „...Wirf weg die Begrenzung dieses Körpers, der träge und schmutzig ist von Natur. Denke nicht länger an ihn. Denn ein Ding, das erbrochen ist (wie du deinen Körper aus dir erbrechen sollst), kann nur Ekel erregen" (nach Campbell 1999, 121). Wir finden in diesen Aussagen eine auffallende, kulturübergreifende Übereinstimmung: Nach dieser Auffassung ist unser Körper ein Gefängnis und unser Verhängnis, die Quelle und der Ort von Leid und Sterblichkeit, von Angst und Schmerz – zumindest aber die Schwachstelle des Menschen, wie es auch in der Redewendung „der Geist ist willig, aber das Fleisch ist schwach" (Mk 14,38) zum Ausdruck kommt. In der Auffassung vieler Religionen wird der Leib gar als Widersacher der Seele oder des Geistes gesehen: als die Quelle und der Ort sündiger Begierden und sinnlicher Leidenschaft im Gegensatz zur Seele als „göttlicher Funke", als Quelle reiner Strebungen und Ideale, von Erleuchtung und Unsterblichkeit. Wir finden solche leibfeindliche, asketische Züge in der Lebensgeschichte und Anschauung vieler Stifter, Mystiker und Heiligen aller Religionen und Sekten. Die Hinwendung zu Gott verlangte unter diesen Umständen die Abwendung von der Welt und die Verleugnung des Körpers. Wer es schaffte, ging so weit wie möglich aus dem Körper heraus und existierte als vergeistigter Ekstatiker nur noch in Verbindung mit Gott. Zwei Beispiele hierfür aus zwei verschiedenen Kulturkreisen: Johannes vom Kreuz, einer der großen christlichen Mystiker, versuchte eine Abtötung aller sinnlichen Leidenschaften und ungezügelten Neigungen mittels einer massiven körperlichen Selbstkasteiung zu erreichen. Als er bei einer Krankheit entkleidet werden musste, entdeckte man eine dicke, mit spitzen Stacheln versehene Eisenkette, die seinen Körper umschlang und die so tief in das Fleisch eingewachsen war, dass sie an verschiedenen Stellen schon überdeckt war (Nigg 1962, 299). Ob er wohl die begehrlichen Aspekte seiner Liebe zu Teresa von Avila so im Zaume hielt? Das zweite Beispiel ist der große indische Heilige Shri Ramana Maharshi. Dieser saß jahrelang im Dunkeln einer Höhle, die niemals gereinigt wurde und von Ungeziefer wimmelte, völlig in sich versunken und der Welt entrückt. Die Unterseiten seiner in ständigem Yogasitz gekreuzten Schenkel waren von Blut und Eiter bedeckt. Sein Haar war eine schmutzige, unmäßig gewachsene und total verfilzte Masse geworden, seine Fingernägel so lang und krumm gewachsen, dass er die Hände zu nichts mehr gebrauchen konnte. Von ihm sind folgende Worte überliefert: „Wozu diesen Klotz (Anm.: gemeint ist sein Leib) mit Baden verwöhnen?" Ständig versunken in der Tiefe des Selbst, war er der „Schale seines Leibes" ganz entfremdet (Zimmer 1974, 44).

Leibfeindlichkeit ist Lebensfeindlichkeit. So gesehen, gibt es dann eine gefährlichere Verirrung als die Verachtung des Leibes (in Anlehnung an Friedrich Nietzsche im „Zarathustra")? Denn darüber wurden Sinnlichkeit und Sexualität auf das Weibliche projiziert, Geistigkeit und Göttlichkeit dagegen wurden mit Männlichkeit und Machbarkeit (Macht) assoziiert. Es galt das Sinnlich-Weibliche mannhaft zu bekämpfen, Geistigkeit und Religiosität wurden verstanden als gnadenlose Herrschaft einer körperlosen, reinen Seele (oder Geistes) über einen entseelten, unreinen Körper! Aber indem der Körper mit seinen Begierden zum Widersacher der Seele erklärt wurde, verstrickte sich die ach so edle, männlich-geistige Seele um so mehr in die angeblich sündhaft-leiblichen, sinnlich-weiblichen Triebregungen, wobei Freud aufdeckte, dass diese Verdrängung und Verleugnung nur dazu führt, dass das Verdrängte in pervertierter Form, zum Beispiel als fatale Mischung von sexuellen und aggressiven Impulsen, wiederkehrt!

Übungen zur Anregung des vitalen Daseins- und Selbstgefühls

Das Wunder besteht nicht darin, auf Wasser gehen zu können, sondern auf der Erde.

(UNBEKANNT)

Einige von uns haben ihren Verstand verloren,
aber die meisten von uns haben ihren Körper verloren.

KEN WILBER

Für das vitale Daseins- und Selbstgefühl des Menschen ist also seine Leiblichkeit konstitutiv. Es offenbart sich in Merkmalen des leiblichen Tonus, der Körperhaltung und der Bewegung (Bewegungsrhythmus, -umfang und -fluss; siehe Wagner 1999) sowie in Merkmalen der Gestik und Mimik, des Tonfalls und Sprechrhythmus! Deshalb haben alle leiblichen Ausdrucks-, Bewegungs- und Entspannungsverfahren Einfluss auf unser vitales Daseins- und Selbstgefühl. Im Folgenden werde ich einige Übungsvorschläge unterbreiten, die Ihr vitales Daseins- und Selbstgefühl anregen.

Ü 1: Sich abklopfen

Stehen Sie aufrecht und etwas über hüftbreit. Klopfen Sie jetzt Ihren gesamten Körper ab, wobei Sie bitte den angegebenen Ablauf beachten und einhalten; dieser folgt dem Verlauf der so genannten Meridiane in der Traditionellen Chinesischen Medizin (TCM). Sofern es nicht explizit vorgegeben wird, klopfen Sie hierbei bitte entweder mit der flachen, lockeren Hand, mit den Fingerkuppen oder auch mit einer lockeren, hohlen Faust, je nachdem, wie es Ihnen angemessen oder wohltuend erscheint. Dosieren Sie die Stärke des Klopfens je nach subjektivem Wohlbefinden oder auch je nach Empfindlichkeit der entsprechenden Körperpartie.

1. Halten Sie den linken Arm ausgestreckt nach vorne, die Außenseite zeigt nach oben, und klopfen Sie mit der rechten Hand dem Arm entlang vom Handrücken nach oben zur Schulter (Abb. 5a). Dort drehen Sie den Arm, sodass die Innenseite nach oben zeigt, und klopfen Sie den Arm wieder von der Schulter hinunter bis zum Handteller (Abb. 5b). So drei- bis fünfmal auf und ab klopfen. Dann klopfen Sie etwas fester mit einer lockeren (hohlen) Faust Ihre Schulterpartie, sowohl seitlich von außen den dreieckigen Schultermuskel als auch von oben den trapezförmigen Muskel, und abschließend die Mulde des Schlüsselbeins (Abb. 5c). Genauso den rechten Arm entlang und die rechte Schulter klopfen.

Abb. 5a

←→

Abb. 5b

→

Abb. 5c

2. Dann klopfen Sie mit den Fingerkuppen beider Hände den ganzen Schädel ab – zunächst die Schädeldecke (Abb. 6a), dann das Hinterhaupt (hinter den Ohren) und den Nacken (ein paarmal auf und ab), dann die Stirn und die Schläfen, dann die Wangen(knochen) und die Kaumuskulatur, dann rings um den Mund und schließlich den Unterkiefer, und zwar auch von unten (Abb. 6b).

Abb. 6a

→

Abb. 6b

3. Klopfen Sie weiter mit den Fingerkuppen beider Hände die seitlichen (schrägen) Halsmuskeln hinunter zum Brustbein und rechts und links des Brustbeins ein paarmal ab und auf (Abb. 7a). Machen Sie eine lockere (hohle) Faust und klopfen Sie den linken großen Brustmuskel und dann mit der flachen (lockeren) Hand den Rippenbögen entlang nach hinten in die linke Flanke (Abb. 7b). Dasselbe auf der rechten Seite: zunächst mit einer lockeren Faust den rechten großen Brustmuskel, dann mit der flachen Hand entlang den Rippenbögen nach hinten in die rechte Flanke.

Abb. 7a

→

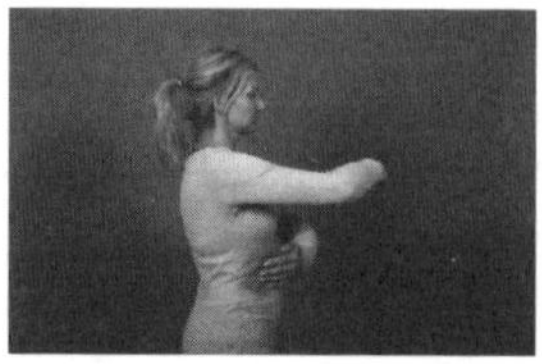

Abb. 7b

→

Abb. 7c

4. Dann gehen Sie mit beiden Fäusten nach hinten, um die Nierenregion zu klopfen (Abb. 7c). Anschließend wandern sie mit beiden Fäusten, die langen Rückenmuskeln klopfend, rechts und links der Wirbelsäule drei- bis fünfmal zwischen Nierenregion und Po (große Gesäßmuskeln) auf und ab. Dosieren Sie Ihre Intensität entsprechend, wenn die Lendenwirbelsäulenregion klopfempfindlich ist. Dagegen kann man die große Gesäßmuskulatur meist etwas fester klopfen.

5. Dann klopfen Sie mit Ihren Fäusten die Außenseiten beider Beine hinunter (Abb. 8a), über den Fußrücken nach innen und die Innenseite der Beine wieder hoch bis in die Leisten (Abb. 8b). So drei- bis fünfmal ab- und aufwärts klopfen. Auch hier gilt, dass die großen Muskeln ein festeres Klopfen vertragen, während man die knochigen Regionen besser mit der flachen Hand abklopft.

Abb. 8a

←→

Abb. 8b

6. Schließen Sie diese Übung mit der so genannten „Bauchtrommel“ ab, indem Sie Ihren Bauch mit lockeren Fäusten klopfen (Abb. 9a), und zwar zunächst drei- bis fünfmal der Darmschleife folgend, ausgehend von der Mitte des Unterbauchs der Bauchwölbung (nicht in der Leiste) entlang rechts aufsteigend bis zur rechten Taille, dann auf der Höhe des Nabels nach links hinüber zur linken Taille, und von dort wieder absteigend der Bauchwölbung entlang hinunter zur Mitte des Unterbauchs, der Region zwischen Nabel und Schambeinoberkante. Dort befindet sich der Tempel des Lebens, den Sie abschließend noch ein wenig allmählich ausklingend klopfen.

7. Abschließend legen Sie Ihre beiden Hände flach auf den Unterbauch (Abb. 9b) und nehmen sich Zeit nachzuspüren, wie Sie jetzt im Leib angeregt sind, wie immer Sie das wahrnehmen: als Wärmestrom oder Frische, als leichtes Pulsieren oder Vibrieren.

→

Abb. 9a

Abb. 9b

Ü 2: Sich schütteln

Die folgende Übung ist etwas aktiver als die vorherige, aber noch nicht so dynamisch wie die nachfolgende Übung. In dieser Übung schütteln Sie Ihren ganzen Körper so durch, als ob Sie sich von allem, was Sie belastet, befreien wollten, indem Sie es abschütteln.

Im einfachsten Falle ist das ein relativ rhythmisches, geordnetes Schütteln. Stehen Sie dafür aufrecht und etwas über hüftbreit. Wir arbeiten wieder mit den Meridianen der TCM, die den ganzen Körper der Länge nach durchziehen. Stellen Sie sich vor, Ihr Meridiansystem sei so zerknittert wie ein Handtuch oder Unterhemd, das frisch aus dem Wäschetrockner kommt: Durch entsprechendes Schütteln bekommen Sie es wieder glatt! Genauso sollen Sie sich beziehungsweise Ihr Meridiansystem schütteln. Dafür müssen Sie nicht wissen, wo und wie die Meridiane im Einzelnen verlaufen. Es genügt, sich rhythmisch und einigermaßen geordnet durchzuschütteln (Abb. 10). Mit einem leichten Wippen in den Knien beginnen Sie Ihre Arme so zu schütteln, als ob Sie sachte etwas abschütteln wollten, was an ihnen klebt; das heißt, dass das Schütteln eine Bewegung vom Rumpf weg nach außen darstellt. Dabei wippen Sie rhythmisch auf und ab; gehen Sie aber nur so weit, dass sich die Fersen nur etwas vom Boden heben und wieder senken und die Fußballen dabei jederzeit auf dem Boden bleiben. Lassen Sie das Wippen durch den Rumpf gehen, sodass auch die Schultern etwas geschüttelt werden. Auch der Oberkörper darf etwas mitgehen, sich etwas beugen und strecken oder verdrehen, so, wie es gerade kommt oder Ihnen angenehm ist. Insgesamt sollte dieses Wippen so sein und sich so anfühlen, als ob Sie etwas durch die Arme und Beine aus den Körper hinaus in den Boden abschütteln. Im Qi-Gong sagt man, dass man damit „verbrauchtes Qi“ (Lebensenergie) abschüttelt. Sie können deshalb diese Übung auch mit der Vorstellung verbinden, als ob Sie eine trübe und dunkle, mehr oder minder schleimige, zäh- oder dickflüssige Substanz aus den Körper herausschütteln. Dementsprechend geht diese Übung auch mit einem hörbaren entlastenden, seufzenden oder befreienden Ausatmen einher. Es genügt, wenn Sie das für circa fünf Minuten machen. Dann bleiben Sie augenblicklich still stehen und nehmen sich Zeit zum Nachspüren. Visualisieren Sie jetzt, dass sowohl aus dem Erdboden über die Fußsohlen als auch vom Himmel über die Schädeldecke, ja ringsherum über die gesamte Körperoberfläche ein helles und klares „Fluidum“ („frisches Qi“) durch alle Poren Ihrer Haut in den Körper hineinströmt und ihn belebt und beseelt.

Abb. 10

Wenn Ihnen das noch nicht genug Anregung und Befreiung ist, dürfen Sie sich auch in eher unrhythmischen, chaotischen Bewegungen intensiv durchschütteln und dabei emotional ausdrücken (lachen, schimpfen, schreien oder was auch immer kommt). Dafür können Sie sich die entsprechende Musik besorgen. Wenn Ihnen das wiederum zu chaotisch oder intensiv ist, dann tanzen Sie sich einfach nach Ihrer Musik frei. Danach bleiben Sie augenblicklich still stehen und nehmen sich Zeit zum Nachspüren und visualisieren Sie den Zustrom von frischer und klarer Lebensenergie aus der Erde, vom Himmel und der Atmosphäre, wie zuvor beschrieben.

Ü 3: Der Lebensfreudesprung

Stehen Sie aufrecht und etwas über hüftbreit sowie elastisch in den Knie- und Sprunggelenken. Für die Beweglichkeit und motorische Flexibilität des Menschen ist der Zustand seiner Gelenke wesentlich, denn Bewegung findet nun mal in den Gelenken und über die Gelenke statt. Sie sollen jetzt einige Minuten lang (je nach Kondition) locker federnd am Platz springen. Wenn Sie auf einem Holz- oder Steinfußboden springen, ziehen Sie bitte gut abfedernde Joggingschuhe an, um Ihre Gelenke zu schonen. Probieren Sie aus, wie Ihr Springen am wohltuendsten ist und am ehesten Lebensfreude ausdrückt: Welche Merkmale kennzeichnen einen „Lebensfreudesprung"? Macht es für Sie einen Unterschied, wenn Sie sozusagen in den Boden stampfend springen oder wenn Sie vom Boden abfedernd nach oben springen? Ob Sie mit geballten Fäusten oder mit offenen Händen springen? Wie ist es, wenn Sie beim federnden Hochspringen dabei die Arme nach oben strecken und, wenn Ihre Halswirbelsäule in Ordnung ist, nach oben blicken, wodurch Ihr Brustkorb zusätzlich geöffnet und geweitet wird (Abb. 11a)? Und wenn Sie dabei noch einen Laut von sich geben? Welcher Ton oder Laut kommt zum stampfenden Springen mit geballten Fäusten (Abb. 11b)? Probieren Sie beim federnden Hochspringen mit hochgestreckten Armen und offenen Händen ein kräftiges und explosives „Ha!" mit weit geöffneter Kehle und einem „federnden" Zwerchfell. Dabei geht es nicht um richtig oder falsch, sondern eben darum, worin sich das nach unten gerichtete stampfende Springen (mit geballten Fäusten) von dem nach oben gerichteten abfedernden Springen (mit offenen Armen und Händen) unterscheidet: Ersteres ist eher assoziiert mit Wucht, Trotz und Zorn („Rumpelstilzchen"), letzteres mit Lust, Freude und Ausgelassenheit!

Abb. 11a

←→

Abb. 11b

Dann bleiben Sie augenblicklich still stehen und nehmen sich Zeit zum Nachspüren.

Die nun folgenden Übungen sollen Ihnen die Bedeutung des Atems in Verbindung mit der sowohl geerdeten als auch aufgerichteten Haltung für unser Daseins- und Selbstgefühl erfahrbar werden lassen. Hierzu möchte ich jedoch zunächst einige ebenso allgemeine wie grundlegende Bemerkungen vorausschicken.

Im Atmen verkörpern sich sowohl unser lebendiges Dasein als auch unser beseeltes Selbstsein. Das Wort „atmen" ist wortstammesgeschichtlich verwandt mit dem Sanskritwort ***Atman***, das so viel heißt wie „Hauch, Atem," aber auch „Seele" als Prinzip von Leben und Empfindung, also Beseeltheit. Darüber hinaus bedeutet ***Atman*** auch ***wahres Selbst*** oder ***Wesen***. Für die Gnostiker ist ***Pneuma***, der Atem, zugleich die Hauchseele und der „göttliche Lebenskeim", und es taucht im Christentum wieder auf als ***pneuma hagion***, als „Heiliger Geist". In der Schöpfungsgeschichte haucht Gott dem aus Lehm geformten Adam seinen Odem, seinen göttlichen Atem ein, um ihn so zum Leben zu erwecken. Im Johannesevangelium (20,22) überträgt Christus durch Anblasen den Heiligen Geist, was in den Taufritus übergegangen ist.

Vor der Geburt „atmen" wir über die Nabelschnur und Plazenta. Bei der Geburt vermittelt die eigenständige Lungenatmung die radikale Umstellung vom vorgeburtlichen Leben des Fötus zum Dasein des Neugeborenen. Ich vermute, dass mittels der eigenständigen Atmung das Neugeborene sich in dieser Welt verortet und in eine neue, noch zu entwickelnde Bewusstseinsform eintritt: das personale Wach- und Selbstbewusstsein! Eine zweite Verankerung und Verortung erfolgt circa ein Jahr später über die Aufrichtung. Überwog im Mutterleib noch mehr die sich ***ein***wickelnde Tendenz, so beginnt mit der expansiven Windung durch den Geburtskanal die ***Ent***wicklung des Menschen, die sich im zunehmenden Streckertonus des heranwachsenden Kindes verkörpert als Ausdruck seiner vertikalen ***Auf***richtung. Das un- und neugeborene Kind ist horizontal geerdet ohne jegliche Aufrichtung, der erwachsene Mensch ist mehr oder weniger vertikal aufgerichtet ***und*** geerdet. Kann die waagrechte Daseinsweise des Säuglings assoziiert werden mit dem Gefühl von Getragen- und Gehaltensein vom mütterlichen Grund, so erfordert die vertikale Aufrichtung aufgrund der relativ geringen Unterstützungsfläche der Füße ein Getragen- und Gehaltensein in sich selbst. Dies wird möglich durch das Finden des Körperlotes, entlang dessen wir uns erden und aufrichten. Hierbei bilden die Beine sozusagen Ausstrahlungen des Organismus in die Erde („Erdung"), und aus der Tiefe der Erde scheint die Aufrichtungskraft des Organismus zu kommen. So gewinnt der Mensch „einen Stand in der Welt; er gewinnt die Möglichkeit, sich der Welt gegenüber selbständig zu verhalten, die Welt und sich selbst zu gestalten" (Straus 1960, 226). Ohne Erdverbundenheit kann man sich nicht aufrichten und wachsen: Je höher ein Baum wächst, um so tiefer verwurzelt er sich nach unten! Wie die folgende Übung zeigen wird, stellt die Dimension Aufrichtung/Erdung eine subtile Balance zwischen zwei polar-komplementären Kräften dar, nämlich einerseits weg von der Erde, der Fliehkraft folgend und aufwärts strebend, sich entgegen der Schwerkraft vom Boden abzuheben (***sich wachsen lassen***), und andererseits hin zur Erde, der Erdanziehung folgend, sich zum Boden ***hinzulassen***, sich niederlassend von der Mutter Erde getragen sein zu lassen. Dabei ist die mit der Aufrichtung des Menschen einhergehende Möglichkeit, sich von der Stofflichkeit und von der Natur abzuheben und zu distanzieren, zugleich eine Fähigkeit und eine Gefährdung: Sie beinhaltet die Möglichkeit der Distanzierung von sich selbst als Basis jeglicher Selbstreflexion und jeglichen Verhaltens; zugleich beinhaltet sie die Gefahr der Entfremdung von sich selbst. In diesem Sinne bezeichnete der Philosoph Friedrich Nietzsche es als unser „Los" ***und*** „Verhängnis", dass wir in die Höhe wachsen (1999, 5. Buch, Spruch 371). Das Körperselbstbild der Abb. 12 (siehe Farbtafeln) zeigt die mangelnde Erdung einer jungen Frau, einhergehend mit der Tendenz, sich fast feenhaft zu „verflüchtigen", was jedoch die Steine verhinderten, die symbolisch für ihre Eingeweide- und Herzsymptomatik standen als Verkörperung ihres sowohl mangelnden wie ersehnten vitalen Daseins- und bezogenen Selbstgefühls.

Die im Lot geerdete und aufgerichtete Haltung verkörpert dann einen ausgewogenen Zustand der Präsenz, einen mittleren Modus zwischen geistig-spirituellem Aufwärtsstreben und Erdverbundenheit, Rationalität und Irrationalität, Vernunft und Triebhaftigkeit, Bewusstsein und Unbewusstheit, Selbständigkeit und Hingabe, Autonomie und Getragensein. Sie steht für die Gegenwärtigkeit der Erfahrung und Handlungsbereitschaft. Deshalb favorisieren alle spirituellen Meditationsverfahren die aufrechte Körperhaltung als einen besonders ausgewogenen, zentrierten und potentiell flexiblen Zustand.

Der Aufrichteimpuls des Menschen ist mindestens ebenso konstitutiv für das spezifisch menschliche, personale Wach- und Selbstbewusstsein wie das eigenständige Atmen. Personales Selbstbewusstsein ist das Vermögen zu bewusstem Sein, zu bewusstem Leben und Erleben. Der Atem belebt und beseelt, bewirkt somit die vitale (energetische) Auf- und Entladung des Organismus. Er ist der unmittelbarste Ausdruck von Lebendigkeit und Resonanzfähigkeit (Beziehungsfähigkeit) und der „Träger" des Bewusstheitsstromes, weshalb über ihn Veränderungen des

Bewusstseinszustandes möglich sind. Die Atemdynamik einer Person steht also in enger Verbindung zu ihrer Psychodynamik; sie vollzieht sich zwischen willkürlicher Beeinflussbarkeit und unwillkürlichem Ablauf, zwischen Eigenwilligkeit und Einwilligung, zwischen Intentionalität und Loslassen, zwischen Selbstbehauptung und hingebungsvoller Selbstlosigkeit. Fehlgeleitete Atemformen und „Fehlhaltungen" im Hinblick auf Erdung und Aufrichtung gehen einher mit einem „fehlgeleiteten" Selbstbewusstsein. Deshalb erfolgen alle in diesem Buch vorgeschlagenen Übungen „am Leitfaden des Atems" (siehe Middendorf 1977).

Ü 4: Der Atem im Spannungsfeld von Erdung und Aufrichtung

Stehen Sie aufrecht, die Füße etwas über schulterbreit auseinander und leicht nach außen gestellt. Versuchen Sie dann, sich Ihr Körperlot zu vergegenwärtigen und dieses als vertikale Verbindungslinie vom Scheitelpunkt zum Beckenboden zu imaginieren (Abb. 13b). Der Beckenbodenpunkt liegt auf der Körpermittellinie am Damm, zwischen den Sitzhöckern. Für unser Körperlot haben wir zwar kein unmittelbares Sensorium, aber ein mittelbares: Über die enge Kopplung von Gleichgewichts- und Muskelsinn spüren wir selbst bei geringsten Abweichungen vom Lot entsprechende subtile Ausgleichsbewegungen im Muskelsystem. Deshalb ist die einfachste Methode, sein Körperlot zu finden, ganz sachte hin und her zu pendeln – vor und zurück, rechts und links, oder auch kreisend – und sich langsam im Lot einzupendeln. Das Lot haben wir erreicht, wenn wir keine Ausgleichsbewegungen mehr spüren.

Beginnen Sie nun abwechselnd ihr Körpergewicht auf den rechten und dann auf den linken Fuß zu verlagern, dann wieder nach rechts, und so weiter (Abb. 13a-c). Pendeln Sie so langsam hin und her, dass Ihr Bewusstsein auch mitkommt, damit Sie Zeit genug haben zum Mitspüren. Dabei auch mit dem unbelasteten Fuß im Kontakt zum Boden bleiben, auch wenn Sie hauptsächlich durch den belasteten Fuß zum Boden hinspüren. Versuchen Sie ***sich zum Boden hin zu lassen*** und sich auf und in ihn „einzulassen", ohne an Aufrichtung zu verlieren. „Verwurzeln" Sie sich sozusagen im Boden und achten Sie dabei auf Neigungen des Oberkörpers oder des Kopfes, um so zunehmend sensibler zu werden für kleine Abweichungen vom Lot.

Abb. 13a

↔

Abb 13b

↔

Abb. 13c

Wie stellt sich nun der Atem auf dieses „Sich-Hinlassen" zum Boden, auf die Erdung und Verwurzelung ein, und wie auf das „Sich-wieder-Zurückholen" aus dem Boden, auf die Aufrichtung, um auf die andere Seite hinüberzuwechseln? Wie verteilt sich die Pendelbewegung auf die Atembewegung, auf das Ein und Aus des Atems? Folgen Sie bitte hierbei Ihrem spontanen, reflektorischen Atemgeschehen, lassen Sie den Atem sich selbst regulieren. Finden dann Atem und Bewegung eine Abstimmung aufeinander, eine Übereinstimmung miteinander? Und schließlich: Wo im Rumpf spüren Sie am stärksten Ihren Atem, welcher Raum Ihres Leibes ist sozusagen am meisten atmungsaktiv oder beatmet?

Achten Sie hierbei darauf, dass die Übergänge vom Ein- zum Ausatem und vom Aus- zum Einatem weich, rund und nahtlos erfolgen, also keine Unterbrechungen (Stopps) des Atemflusses darstellen. Die natürlich fließende Atmung ist ein ***verbundenes Atmen***. Beim verbundenen Atmen geht der ausklingende Ausatem nahtlos und weich in den nächsten Einatem über und umgekehrt, das heißt, die Übergänge sind fließend und rund. Die bei tiefgelöster Atmung sich von selbst ergebende relative Atempause zwischen Aus- und Einatmung ist somit eher eine Übergangszone anstelle eines Stopps im Atemzyklus. Dies geschieht, indem man sich etwas in den Ausatem gleiten lässt. Sie geht, wenn man sich darauf einzulassen vermag, einher mit einer Erlebnisqualität des „Niederlassens", des „In-sich-Ruhens" und des „Losgelöst-Seins". Es ist dies ein Zustand von schöpferischer Leere und zugleich subtilster Sammlung (Kon***Zentration***). Wenn man dann den darauffolgenden Einatem voll und ganz zulässt, ergibt sich ein Füllezustand zwischen Ein- und Ausatmung, welcher mit einer Erlebnisqualität der „Aufladung" und „Energetisierung" einhergeht. Es ist dies ein Zustand von vitaler Fülle und zugleich äußerst wacher Angeregtheit. Physiologisch bewirkt das verbundene Atmen einen Ausgleich zwischen sympathischem und parasympathischem Nervensystem und unterstützt damit die Prozesse der organismischen Selbstregulation. Psychologisch erfahren wir im hingebungsvollen Loslassen des Ausatems eine Entlastung und Erleichterung, ja sogar eine Befreiung, im Kommenlassen des Einatems Erfrischung und Erneuerung, unter Umständen sogar Inspiration, und in der Versenkung in dem nahtlosen Übergang zwischen Aus- und Einatem können wir eins werden mit dem schöpferischen und tragenden Grund in uns (dem Tempel des Lebens).

Bei den meisten Menschen wird mit dem Absenken des Gewichts und Sichhinlassen zum Boden der Ausatem erfolgen und mit dem Zurückholen und Seitenwechsel der Einatem. Erdung geht also vorzugsweise mit dem Ausatem einher, und der Einatem beinhaltet die Kraft der Aufrichtung. Zugleich werden die meisten feststellen, dass mit dieser Gewichtsverlagerung der Atemprozess sich mehr oder weniger vom Brustraum in den Bauch-Becken-Raum verlagert. Dies können wir unterstützen, indem wir im Absenken und Ausatmen mittels unserer Vorstellung und Körperempfindung uns vom Bauch-Becken-Raum durch die Beine und Füße zum Boden sinken lassen und beim Zurücknehmen wiederum mittels unserer Vorstellung und Körperempfindung den Einatem durch die Füße und Beine aus der Erde aufsteigen lassen in den Bauch-Becken-Raum.

Diese Erdung geht einher mit einer Erfahrungsqualität von Verwurzelung und Erdverbundenheit, Gelassenheit und Standfestigkeit. Dagegen ist die Aufrichtung verbunden mit einer Erfahrungsqualität von Anregung und Antrieb, vielleicht sogar von Stemmen und Empörung, von ***Auf***trieb und ***Auf***regung. Hier wird deutlich, wie sehr Aufregung und im äußersten Falle Angst eine von den Beinen in den Rumpf aufsteigende innere Erregung ist, die sich unter anderem in einem Beben der Beine manifestiert. Erdung und Zentrierung sind also sozusagen ***das*** Gegenmittel und Regulativ gegen Aufregung und Angst! Die Beziehung zum Boden (Erdung) und die Aufrichtung im Körperlot stellen somit unter allen Umständen eine selbststützende Maßnahme dar!

Was aber geschieht nun mit dem Atem, wenn wir mit der Absenkung des Gewichts auf der einen (zum Beispiel rechten) Seite *gleichzeitig* den Arm derselben (rechten) Seite langsam aus der Achselhöhle heraus weit nach oben strecken und mit der Hand ausgreifen, wie wenn wir einen Apfel von einem Ast pflücken wollten? Mit dem Zurückholen aus dem Boden und Hinüberwechseln des Gewichts zur anderen Seite lassen wir diesen (rechten) Arm wieder hinunter, um auf der anderen (jetzt linken) Seite das Gewicht abzusenken und *gleichzeitig* den Arm derselben (linken) Seite wiederum langsam nach oben zu strecken und mit der Hand auszugreifen (Abb. 14a-c). Pendeln Sie wiederum ein paarmal so hin und her. Wie verteilt sich die Atembewegung, das Ein und Aus des Atems jetzt auf die Pendelbewegung? Folgen Sie bitte wiederum dem spontanen, reflektorischen Atemgeschehen, lassen Sie den Atem sich selbst regulieren. Und wo im Rumpf spüren Sie jetzt am stärksten Ihren Atem, welcher Raum Ihres Leibes ist jetzt am atmungsaktivsten oder am meisten beatmet?

Abb. 14a

↔

Abb 14b

↔

Abb. 14c

Bei den meisten Menschen wird jetzt mit dem Absenken des Gewichts und Sichhinlassen zum Boden bei gleichzeitigem Ausdehnen nach oben der Einatem erfolgen und mit dem Zurückholen und Seitenwechsel der Ausatem. Ausstrecken der Arme nach oben geht also hier einher mit dem Einatem, und die natürliche Aufrichtung ist bereits eine Form der Streckung und Ausdehnung nach oben in den Raum über uns.[4] Zugleich werden die meisten feststellen, dass sich mit dieser Ausdehnung nach oben vorzugsweise die Brustatmung einstellt oder vertieft, also der Atemprozess eher den Brust-Raum öffnet und weitet. Dies können wir unterstützen, indem wir im Ausdehnen den Einatem mittels unserer Vorstellung und Körperempfindung aus der „Weite des Himmels“ durch die Handteller und Arme in die Tiefe des Brust-Raums einströmen und beim Ausatmen und Seitenwechsel sich gleichmäßig im Organismus ausbreiten lassen.

Wie Sie auf diese Weise erkennen werden, sind Leibesräume Atemräume. Die wichtigsten Leibes- und Atemräume sind der Brust-Raum und der Bauch-Becken-Raum.

---

4 Hierzu ist vielleicht interessant zu wissen, dass embryonalgenetisch die Muskeln sich in so genannten Dehnungsfeldern entwickeln (Blechschmidt 1978). Die primäre Funktion von Muskeln ist demnach die Extension, die Ausdehnung, und ***nicht*** die Kontraktion, das Zusammenziehen! Wohl deshalb sind Dehnungsübungen aller Art wie im Aiki-Indo (Tao-Yin Qi-Gong), im Yoga oder Stretching für das vitale Daseins- und Selbstgefühl besonders förderlich.

Die Bauchatmung nenne ich den ***Atem des Lebens***, des vitalen Daseins- und Selbstgefühls, der in die Tiefe und Breite geht, somit Erdung und Stabilität vermittelt. Deshalb gilt in der fernöstlichen Tradition die Bauchatmung als das „himmlische Fundament“. Die Formel für die Bauchatmung (analog den Formeln im Autogenen Training) ist demnach ***„tief und breit“***. Die Brustatmung nenne ich den Atem der Öffnung und der Weite; sie ist der ***Atem der Liebe***, des bezogenen Selbstgefühls. Die Formel für die Brust- und Herzatmung lautet demnach ***„weit und weich“***. Tiefe und Weite, Stabilität und Öffnung erfahren wir also unmittelbar und leibhaft, indem wir atmen, uns erden und aufrichten. Je tiefer, zentrierter und weicher unser Atem fließt, um so entspannter sind wir, und umgekehrt.

Ü 5: Stehen wie ein Baum

Wir wachsen wie Bäume … nicht nur in einer Richtung,
sondern ebenso hinauf, hinaus wie hinein und hinunter…

Friedrich Nietzsche

O, der ich wachsen will, ich seh´ hinaus, und in mir wächst der Baum.

Rainer Maria Rilke

Wenn möglich, gehen Sie hinaus in einen Wald. Gehen Sie langsam und mit offenen Sinnen. Schauen Sie sich um, welche verschiedene Arten von Bäumen es gibt, wie jeder anders gewachsen ist, wie die Rinde einer jeden Baumart sich anders anfühlt (ruhig einmal anfassen!) und wie unterschiedlich ihr Blattgrün ist. Suchen Sie sich einen Baum aus, von dem Sie sich sozusagen angesprochen oder angezogen fühlen. Das muss und soll sogar nicht der Baum sein, den Sie am schönsten finden, vielleicht weil er recht ebenmäßig gewachsen ist oder eine ausladende Krone hat – im Gegenteil, meist spricht und zieht uns ein knorriger und krummer, optisch zumindest nicht so schöner Baum auf einer anderen Ebene viel mehr an. Probieren Sie es ruhig einmal mit so einem Baum, es kann beim nächsten Mal ja auch wieder ein anderer sein. Stellen Sie sich für diese Übung unmittelbar vor diesen Baum. Nehmen Sie Kontakt auf, indem Sie ihn betrachten und vielleicht sogar berühren. Wenn Sie diese Übung nicht in freier Natur mit einem Baum machen, dann stellen

Sie sich einen solchen vor und nehmen in der Vorstellung Kontakt zu diesem Baum auf. Nehmen Sie den Baum in seinen Einzelheiten wahr: seine Rinde und seinen Geruch, die Ausdehnung seines Wurzelwerks (soweit erkennbar) und seiner Krone, die Form und Farbe seiner Blätter und so weiter.

Stehen Sie aufrecht, die Füße etwas über schulterbreit auseinander und nur leicht nach vorne geöffnet, also fast parallel. In den Knien geben Sie etwas nach, sodass Sie Ihr Kreuzbein und Becken hinten ein wenig sinken lassen können, als ob Sie sich eben auf die Kante eines Barhockers setzen wollten. Dadurch wird die Lendenmuskulatur, die das Becken oft hinten hochgezogen hält, etwas entspannt und das Hohlkreuz etwas ausgeglichen beziehungsweise begradigt. Ihre Beine stehen in der Form eines Gewölbes oder wie wenn Sie auf einem Pferd sitzen – deswegen nennt man diesen Stand auch den „Reiterstand“. Dies arbeitet der Tendenz vieler Menschen entgegen, in den Knien nach innen zu kollabieren. Versuchen Sie dann sich Ihr Körperlot zu vergegenwärtigen und dieses als vertikale Verbindungslinie vom Scheitelpunkt zum Beckenboden zu imaginieren. Wandern Sie dann mit Ihrem Vorstellungs- *und* Empfindungsvermögen auf folgende Weise mehrmals durch Ihren Körper:

- Vom Becken abwärts durch die Beine zum Boden hin sich sinken lassen;
- aus dem Becken heraus entlang des Körperlotes zum Scheitelpunkt hin sich wachsen lassen;
- in den Schultern sich loslassen und
- in der Beckenschale sich niederlassen.

Halten Sie hierbei Ihre Hände so vor den Unterbauch, als ob Sie bis zur Linie der Hände im Wasser stünden und mit den breitflächig geöffneten Handflächen einen Luftballon gegen den Auftrieb unter Wasser halten würden. Die Handflächen zeigen also zum Boden und die Ellbogen etwas nach außen, sodass die Arme etwas gerundet und die Achselhöhlen leicht geöffnet sind. Sie sollen den Luftballon nicht aktiv unter Wasser drücken, sondern es genügt, dass Sie sich in den Schultern loslassen (und in der Beckenschale niederlassen), und diese Empfindung des Sinkens wandert auch Ihre Arme hinunter zu den Handflächen und hält so den Ballon (passiv) unter Wasser (siehe Abb. 16b).

Dann stellen Sie sich vor, dass ***Sie dieser Baum sind***, vor dem Sie stehen: Ihre Füße, Unterschenkel und Knie sind Teile der abwärts gerichteten Wurzeln, die

Oberschenkel, Leisten und der Rumpf sind der aufwärts gerichtete Stamm, die Schultern (und Arme, die jetzt allerdings nebensächlich sind) und der Kopf bilden die Krone des Baumes. Was für ein Baum sind Sie? Wie nehmen Sie sich als Baum wahr? Öffnen Sie sich den Kräften des Baumes, der vor Ihnen steht, der Sie ja zugleich sind: Fühlen Sie die Wurzeln, die tief in den Boden reichen; fühlen Sie den zugleich stabilen und flexiblen, aufrechten Stamm; und fühlen Sie die Krone, d.h., wie der Kopf sanft und leicht auf den Schultern ruht. Vergegenwärtigen Sie sich, wie Sie als Baum Nahrungssäfte aus dem Boden beziehen, Sonnenenergie vom Himmel und Atemenergie aus der Sie umgebenden Atmosphäre. Was nährt Sie in Ihrem Alltagsleben?

Kommen Sie dann langsam wieder aus dieser Übung (Vorstellung) heraus.

Zur Erläuterung dieser Übung:

- Sie können sich die angegebenen Sätze wiederum formelhaft innerlich vorsagen, um mit deren Hilfe Ihre Aufmerksamkeit, Ihren Spürsinn durch Ihren Körper zu lenken und zu leiten.

- Wenn Sie sich vom Becken abwärts durch die Beine zum Boden hin sinken lassen, achten Sie bitte darauf, dass Sie dabei nicht in sich zusammensacken: Es geht lediglich um eine gefühlte Verbindung zum Boden. Wie ist der Kontakt zum Boden? Stehen Sie auf oder über dem Boden? Sie können dieses Gefühl der Erdverbundenheit noch verstärken, indem Sie sich vorstellen, dass Ihre Empfindung quasi noch in den Boden hineinreicht und Sie sich dort verwurzeln, also „Wurzeln schlagen". Was für Wurzeln haben Sie, wie fest verankert im Boden sind Sie? Wie ist die Vorstellung, dass „Mutter Erde" Sie trägt und hält? Können Sie ein Gefühl dafür entwickeln, dass Sie von unten her gestützt (unterstützt) werden?

- Wenn Sie sich aus dem Becken heraus entlang des Körperlotes zum Scheitelpunkt hin wachsen lassen, versuchen Sie nicht willkürlich mittels der großen Rückenmuskeln sich nach oben zu strecken. Diese Übung soll nicht Ihre willkürliche Muskulatur ansprechen, sondern die unwillkürliche Stütz- und Aufrichtemuskulatur, die mehr oder weniger permanent am Werk ist, um Sie aufrecht zu halten, sofern Ihre willkürliche Muskulatur nicht bereits gewohnheitsmäßig einen Großteil dieser Arbeit übernommen hat. Wie stabil und wie flexibel ist der Stamm, sind also Ihre Beine und der Rumpf? Beachten Sie: Stabil heißt nicht starr, flexibel heißt entspannt, aber nicht schlaff – stabil und flexibel implizieren einen angemessenen, mittleren Tonus! Von Natur aus müssen wir uns nicht willkürlich aufrichten, wir werden unwillkürlich aufrecht gehalten!

- Wenn es heißt, Sie sollen *sich* in den Schultern loslassen, um sich dann in der Beckenschale niederzulassen, so meint dies mehr, als nur die Schultern sinken oder fallen zu lassen: Werden Sie sich dessen gewahr, dass und ***wie*** Sie sich ***in den Schultern*** festhalten (also Halt suchen)! Kleinkinder richten sich noch nicht von den Beinen her und aus dem Becken heraus auf, sondern mittels des Oberkörpers, was sich recht deutlich an deren hochgezogenen Schultern erkennen lässt. In dem Maße, in dem sie lernen, sich über die Füße zu erden und aufzurichten sowie sich im Bauch-Becken-Raum niederzulassen, können sie den Halt in den Schultern aufgeben. Sich nicht mehr in den Schultern festzuhalten und stattdessen im Bauch-Becken-Raum niederzulassen (sich dort zu zentrieren), markiert also einen wichtigen Schritt in unserer Entwicklung!

- In der Beckenschale sich niederlassen: Werden Sie sich dessen gewahr, dass Ihr Bauch-Becken-Raum tatsächlich schalenförmig ist! In dieser Schale können Sie sich sozusagen „niederlassen“ und „wohnlich“ einrichten – wobei „wohnlich, wohnen“ wortstammesgeschichtlich sowohl mit „Gewohnheit“ als auch mit „gewöhnlich“ im Sinne von „natürlich“ zusammenhängt!

Diese Übung lässt sich auch wunderbar mit dem Atemzyklus verbinden:

Stehen Sie wieder aufrecht im so genannten Reiterstand. Vergegenwärtigen Sie sich Ihr Körperlot und lassen Sie Ihren Atem kommen und gehen, wie er kommt und geht, möglichst ohne einzugreifen. Dies gilt auch für die gesamte folgende Übung, dass Sie ***Ihrem Atem folgen*** und keine Atemübung machen! Wandern Sie nun mit ihrem Vorstellungs- und Empfindungsvermögen in Verbindung mit Ihrem Atemzyklus wie folgt durch Ihren Körper:

- Im nächsten ***Aus***atem vom Becken abwärts durch die Beine zum Boden hin ***sich sinken lassen*** (im Bild des Baumes: die Wurzeln tief und breit sich im Boden verankern lassen);

- im nächsten ***Ein***atem aus dem Becken heraus entlang des Körperlotes zum Scheitelpunkt hin ***sich wachsen lassen*** (im Bild des Baumes: die Säfte des Bodens durch den Stamm = Beine und Rumpf zur Krone = Kopf/Scheitelpunkt steigen lassen);
- mit Beginn des nächsten ***Aus***atems in den Schultern ***sich loslassen*** und gegen Ende dieses Ausatems in der Beckenschale ***sich niederlassen***;
- im nächsten Einatem mit der Aufmerksamkeit im Bauch-Becken-Raum verweilen;
- mit dem nächsten Ausatem beginnt der Zyklus wieder von vorne…

Wenn Sie nach mehreren Durchgängen diese Übung beenden wollen, legen Sie Ihre Hände auf den Unterbauch (siehe Abb. 9b). Einerseits können Sie mit Ihren Händen die Bauchdecke fühlen, andererseits können Sie mit Ihrer Bauchdecke die Hände fühlen, ja mehr noch: Sie sollen sozusagen von innen heraus, aus dem Bauch-Becken-Raum heraus, durch Ihre Bauchdecke zu den Händen hinspüren. Wenn Sie Ihre Bauchdecke loslassen und freigeben, dann können Sie die Atembewegung spüren, das heißt, wie Ihr Atem die Bauchdecke mehr oder weniger (und sei es noch so wenig) bewegt. Sie müssen also nichts willentlich machen, den Bauch weder willkürlich herausdrücken noch einziehen, sondern nur konzentriert sein und achtsam spüren. Die Bauchatmung stellt sich ganz von selbst, ganz selbstverständlich ein, wenn wir im Unterbauch kon***zentriert*** sind. So wird Zentriertheit im Laufe der Zeit für Sie eine Selbstverständlichkeit!

Haben Sie das Gefühl, so könnten Sie den Stürmen des Lebens einigermaßen standhalten? – „…fest mit beiden Füßen auf dem Boden stehend, aufwachen zur Wahrheit: Ich bin ich", so der Zen-Meister Kodo Sawaki (2005, 13). Und „…prüfet das Leben… und fragt euch, ob ein Baum, der stolz in die Höhe wachsen soll, des schlechten Wetters und der Stürme entbehren könnte", fragte bereits Friedrich Nietzsche (1999, 1. Buch, 19. Spruch). Natürlich dürfen diese Kräfte nicht übermächtig sein, wie das bei Traumatisierungen der Fall ist. Das Körperselbstbild einer mehrfach sexuell traumatisierten Patientin (Abb. 15, Farbtafeln) zeigt ihren enormen Entwicklungs- und Übungsfortschritt hinsichtlich ihrer Erdung/Aufrichtung und Zentrierung, wenngleich noch immer ihre Neigung zu Dissoziation, also zum innerlichen Weggehen, erkennbar ist. Dies hatte natürlich eine massive Einschränkung im vitalen Daseins- und Selbstgefühl zur Folge. Zu Beginn der Psychotherapie drohte sie bei entsprechenden Themen tatsächlich aus den Körper zu gehen und wegzukippen, also umzufallen. Mit Hilfe von Erdung/Aufrichtung und Zentrierung vermochte sie zunehmend bei sich selbst, präsent und im Kontakt mit mir zu bleiben, um sich der Be- und Verarbeitung der traumatisierenden Erfahrungen zu stellen.

Sie sind ein kritischer Leser und fragen sich, ob all das uns wirklich inneren Halt und Standfestigkeit gibt oder ob wir uns das vielleicht nur einbilden. Wie wäre es mit einem kleinen Experiment zur Überprüfung? Dafür brauchen Sie einen Partner beziehungsweise eine Partnerin.

Stehen Sie in einer für Sie natürlichen und stabilen Weise da. Bitten Sie Ihren Partner, dass er von einer Seite (links oder rechts) kommend seine beiden Hände an Ihre Hüfte anlegt und langsam den Druck steigernd versucht, Sie zur anderen Seite aus dem Gleichgewicht zu bringen. Wie gehen Sie mit diesem Angriff auf Ihr Gleichgewicht gewohnheitsmäßig um? Neigen Sie eher dazu, gegen den Druck des schiebenden Partners anzugehen (Abb. 16a) oder aber dem Druck nachzugeben? Sind Sie also eher der Typ, der solche Angriffe auf Ihre Person (hier: Ihr Gleichgewicht) aufgreift und dem etwas entgegensetzt, oder sind Sie eher der Typ, der in solchen Fällen sich fügt und „opfert“, unter Umständen sogar sich aufgibt (Abb. 16c)? Gibt es eine dritte Möglichkeit, damit umzugehen?

Stehen Sie nun, wie oben geübt, aufrecht im Reiterstand. Vergegenwärtigen Sie sich Ihr Körperlot und lassen Sie Ihren Atem kommen und gehen, wie er kommt und geht. Wandern Sie mit ihrem Vorstellungs- ***und*** Empfindungsvermögen in Verbindung mit Ihrem Atemzyklus, wie oben beschrieben, durch Ihren Körper. Dabei legen Sie Ihre Hände auf den Unterbauch, geben Sie die Bauchdecke frei und spüren Sie von innen heraus durch Ihre Bauchdecke zu den Händen hin. Wenn Sie sich sowohl geerdet als auch natürlich aufgerichtet, in den Schultern losgelassen und im Unterbauch gesammelt (zentriert) fühlen, bitten Sie noch einmal Ihren Partner, dass er von einer Seite kommend seine beiden Hände an Ihre Hüfte anlegt und langsam den Druck steigernd (bitte langsam steigern! Abb. 16b) versuchen soll, Sie zur anderen Seite aus dem Gleichgewicht zu bringen. Dieses Mal versuchen Sie den allmählich zunehmenden Druck Ihres Partners zu akzeptieren, also an- und aufzunehmen und sozusagen durch Ihre beiden Beine in den Boden abzuleiten – was mit der Vorstellung ***und*** Empfindung von „sich vom Becken abwärts durch die Beine zum Boden hin sinken lassen“ einhergeht – im Bild des Baumes: den Stamm abwärts in die Wurzeln sich tief und breit im Boden zu verankern. Ihre Aufgabe ist also, unter Besinnung auf das oben Geübte standhaft zu bleiben, indem Sie sich nicht allzu sehr um Ihren Partner kümmern, sondern je mehr der Druck wächst, um so mehr lassen Sie sich vom Becken abwärts durch die Beine zum Boden sinken und leiten so seine Schubkraft in den Boden ab. Es ist dann, wie wenn der schiebende Partner Sie noch fester hinstellt, als sie alleine für sich stehen würden!

Abb. 16a

←→

Abb 16b

←→

Abb. 16c

Zwei Dinge seien zu diesem Experiment und zu dieser Übung angemerkt:

1. Wie lange jemand einem solchen Druck auf diese Weise standhalten kann, hängt natürlich von uns als ganzer Person ab, so wie wir eben „gestrickt“ sind, will heißen: Es bedarf auch der Selbstreflexion bezüglich unserer gewohnheitsmäßigen, automatisierten Reaktionsmuster, die sich häufig ausschließlich zwischen Kampf (entgegenstellen) oder Flucht (aufgeben) bewegen. Diese Reflexionsarbeit bedarf wohl der fachkundigen Begleitung durch eine/n Psychotherapeuten/in. Es ist jedoch die Übung, welche eine neue Erfahrung und den Aufbau neuer Verhaltensmöglichkeiten verschafft.

2. Niemand kann jedem beliebig hohen Druck auf Dauer standhalten! Diesbezüglich wundersame Geschichten von Qi-Gong- oder Aikido-Meistern faszinieren uns vielleicht, dennoch ist kein Mensch allmächtig, immer ist jemand in irgendeiner Hinsicht stärker als andere. Solche außerordentlichen Menschen oder wundersamen Geschichten sich als Vorbild zu nehmen, verführt meist eher zur Selbst***idealisierung*** anstatt zur Selbst***realisierung*** (zu dieser Thematik später mehr). Die Lösung besteht also nicht darin, unter allen Umständen standhalten zu können, sondern sich rechtzeitig auf andere Möglichkeiten zu besinnen, wenn der Druck zu groß wird – genau darin unterscheidet sich der Mensch nun doch von einem Baum! In unserem Beispiel bedeutet das, in Bewegung zu kommen,

um so dem Druck auszuweichen, ihn leerlaufen zu lassen und dadurch anders handhaben zu können – das ist zum Beispiel die Strategie im Aikido. Da die Thematik dieses Buches der Halt in sich selbst ist, kann dies hier nicht näher ausgeführt werden (der interessierte Leser sei stattdessen auf Wagner 1999 verwiesen).

Ü 6: Rück*halt* – sich an seiner Wirbelsäule anlehnen

Für eine angemessene und gesunde Aufrichtung des Menschen bedarf es einer mehr oder weniger haltgebenden und stützenden Kraft im Hintergrund, welche die Wirbelsäule repräsentiert. Unsere Wirbelsäule ist ein wunderbares Phänomen: Sie gibt uns Beweglichkeit, ermöglicht uns nach allen Richtungen des Raumes herumzu***wirbel***n, und gibt uns zugleich Aufrichtung und Halt wie eine ***Säule***. Wenn uns die Last des Lebens, der Druck auf unseren Schultern zu groß wird und wir uns mühsam mit breiten Schultern und starrem Rücken dagegenstemmen (siehe das Körperselbstbild der Abb. 18), oder aber wenn wir uns nur noch biegen lassen und beugen, drehen und winden, weil wir anders mit den Anforderungen des Lebens und unserer Selbstverantwortung nicht mehr umzugehen wissen – wenn uns also der Rückhalt, ein ausreichender Halt im Rücken fehlt, dann ist auch unsere Aufrichtung gefährdet. Wir haben dann Rückenbeschwerden aller Art in allen möglichen Abschnitten der Wirbelsäule, werden immer gedrückter und bedrückter oder immer starrer. Probieren Sie folgende Übung zur Erarbeitung eines angemessenen und selbstverständlichen Rückhalts:

Sitzen Sie frei, also ohne sich anzulehnen, auf einem Stuhl mit fester, waagrechter Sitzfläche. Die Beine sind leicht geöffnet und die Unterschenkel stehen im rechten Winkel zum Boden. Achten Sie darauf, dass beim Sitzen die Knie nicht höher sind als die Hüftgelenke (Achtung: die Hüftgelenke sind nicht identisch mit den Hüftknochen und dem Beckenkamm, sondern liegen unterhalb davon!). Wechseln Sie jetzt zwischen einer aufrechten und einer zusammengesackten Sitzhaltung hin und her. Sie werden bemerken, dass Ihr Becken nach hinten kippt, wenn Sie zusammensacken; die Wirbelsäule hat so keine Basis mehr, auf der sie sich aufrichten könnte. Umgekehrt richtet sich Ihre Wirbelsäule wieder auf, wenn Sie das Becken vorwärtskippen. Wenn Sie das Becken gar über den Punkt der aufrechten Haltung hinaus noch weiter nach vorne rollen, wird Ihr Rücken überstreckt und Sie sitzen im Hohlkreuz. Für die angemessene Aufrichtung der Wirbelsäule ist also die Stellung der Beckenschale entscheidend.

Widmen Sie also Ihre Achtsamkeit Ihrer Beckenschale und versuchen Sie zu erspüren: Steht Ihr Becken für gewöhnlich waagrecht oder nach vorne oder hinten gekippt oder schief nach rechts oder links geneigt (Beckenschiefstand)? Stellen Sie sich vor, Ihre Beckenschale sei bis zum Rand gefüllt mit Wasser. Wenn Ihr Becken auch nur leicht nach vorne gekippt ist, wird das „Lebenswasser aus dem Tempel des Lebens“ vorne über den Schalenrand fließen. Dasselbe gilt für die anderen drei Seiten. Das heißt: Wenn Ihre Beckenschale in der waagrechten Ebene steht und ruht, fließt kein „Lebenswasser“ über. Beim Vor- und Zurückkippen Ihres Beckens haben Sie vielleicht bemerkt, wie Sie dabei über zwei kleine Knochen rechts und links an der Unterseite der Beckenschale, die so genannten Sitzhöcker, rollen. Ihre Beckenschale steht waagrecht, wenn Sie genau auf diesen Sitzhöckern sitzen. Dann achten Sie noch darauf, dass auch Ihr Scheitelpunkt gemäß Ihrem subjektivem Empfinden im Lot über dem Beckenboden steht.

Bringen Sie dann Ihr Bewusstsein in die Kreuzbeinregion an jene Stelle, wo der erste frei bewegliche Lendenwirbel auf der Kreuzbeinplatte ruht. Welche Empfindung haben Sie dort? Fühlen Sie sich dort kraftvoll und lebendig oder eher schwach, beweglich und flexibel oder eher steif und starr? Wie richtet sich von hier ausgehend die Wirbelsäule auf? Fühlen Sie Ihr Hohlkreuz, die hohlste Zone der Lendenwirbelsäule (LWS) gegenüber dem Nabel: Wie kraftvoll oder schwach, beweglich oder starr fühlt sich diese Zone an? Wandern Sie bitte mit Ihrer Aufmerksamkeit weiter zur Übergangszone von der LWS zur Brustwirbelsäule (BWS), vom Hohlkreuz zum oberen Rücken (gegenüber dem Solarplexus) – dann weiter zur Rundung des oberen Rückens genau zwischen den Schulterblättern („Buckel“) – dann weiter zu dem großen (verdickten) Wirbel in der Übergangszone von der BWS zur Halswirbelsäule (HWS) – dann den Nacken hoch zum Hinterhauptloch (Schädelbasis) – ruht der Kopf frei schwebend auf der HWS, oder habe ich eher das Gefühl, als ob er auf die HWS drückt oder darauf gedrückt ist?

Für welche Abschnitte Ihrer Wirbelsäule und Ihres Rückens haben Sie eine relativ deutliche, für welche eine sehr diffuse Empfindung? Wo fühlen Sie sich kraftvoll und lebendig und wo eher schwach und starr? Verspannungen können Sie etwas lösen, indem Sie leicht vor und zurück oder von rechts nach links hin und her um

Ihr Körperlot pendeln. An manchen Stellen haben Sie vielleicht sogar Schmerzen oder fühlen sich wie durchgebrochen?

Dann lassen Sie sich bitte innerlich, mittels Ihres Körperempfindens, ein Stück zu Ihrer Wirbelsäule hin, als ob Sie sich an Ihrer eigenen Wirbelsäule anlehnen würden: Geht das, und wie fühlt sich das an? Fühle ich mich gestützt und gehalten von meiner Wirbelsäule? Empfinde ich Rückenstärke und Rückhalt? Fühlen Sie sich aufgerichtet, oder was hindert Sie, die Haltung im Leben einzunehmen, die Ihrem Wesen entspricht – nämlich aufgerichtet zu sein?

Für alle folgenden meditativen Übungen, die ausnahmslos im aufrechten Sitzen durchgeführt werden, können Sie diese ausgewogene Stellung der Beckenschale auch dadurch unterstützen, dass Sie ein Handtuch einrollen und unter Ihr Kreuzbein legen.

Ü 7: Emotionale Verdauung

Zunächst einmal ist es notwendig, zwischen Fühlen/Gefühl und Affekt/Emotion zu unterscheiden. Gefühle sind ein Fühlen, das heißt, die subjektive Erfahrung bezüglich einer Situation. So verwenden wir diese Begriffe auch in der Alltagssprache: Man fühlt sich heiter oder traurig; man fühlt sich in einer Situation oder mit einer Person wohl oder unwohl, vertraut oder fremd (befremdet); jemand ist einem sympathisch oder unsympathisch; einem ist unbehaglich oder gar unheimlich zumute; man hat das Gefühl, dass irgendetwas nicht stimmt – um nur einige Beispiele zu nennen. Den Begriff der Affekte und Emotion reserviere ich in Übereinstimmung mit anderen Autoren und Forschern für mehr oder weniger intensive Gefühlszustände, die mit einem „heftigen“ (lateinisch „affectus“) und deshalb nur schwer regulierbaren psychophysiologischen Erregungsdruck einhergehen, der auf Abbau durch Entladung „nach außen“ = Ausdruck drängt (lateinisch „e-movere“): Man zittert vor Angst und tobt vor Wut; man ist vor Trauer wie gelähmt oder ist vor Freude (Euphorie) ausgelassen – um wieder nur einige Beispiele zu nennen. Es gilt also zumindest zwischen der ***Intensität*** und der ***Tiefe*** eines Gefühls zu unterscheiden! Die gängige Meinung, dass intensive Gefühlszustände (Affekte, Emotionen) immer auch sehr tiefe Gefühle seien, stimmt so nicht unbedingt: Obwohl alle Gefühle mit einer gewissen psychophysiologischen Erregung einhergehen, müssen intensive Gefühle nicht sehr tief und tiefe Gefühle nicht sehr intensiv sein. Eine tiefe Enttäuschung oder Trauer muss sich nicht unbedingt in einem intensiven Weinausbruch äußern, und ein heftiger Wutausbruch verweist nicht unbedingt auf eine tiefgehende Gefühlsverletzung, sondern unter Umständen eher auf eine narzisstische Anspruchshaltung. Darüber hinaus sind intensive Gefühlszustände weniger differenzierte, nuancierte und integrierte Zustände als das Fühlen beziehungsweise die Gefühle an sich: Eine panische Angst ist ein ebenso undifferenzierter und wenig integrierter Zustand wie eine blinde Wut. Dementsprechend stellen vor allem intensive Gefühlzustände (Emotionen) eine Bedrohung des psychophysiologischen Gleichgewichts dar und erfordern zusätzliche Maßnahmen der Selbstregulation. Die Frage nach dem angemessenen Umgang damit ist jedoch nicht allgemeingültig zu beantworten, denn was als angemessener Umgang gilt, unterliegt unter anderem dem Einfluss von kultureller Mentalität und Zeitgeist. Übermäßige und chronische Unterdrückung des emotionalen Ausdrucks ist allerdings für das klare Denken und Handeln ebenso nachteilig wie ständig allzu heftige Gefühlsausbrüche, wie wir eingangs am Beispiel von Ärger und der Blutdruckregulation gesehen haben. Dennoch ist es sinnvoll, die Gefühle an sich wegen ihrer Erlebenstiefe, ihrer Differenziertheit und Nuanciertheit zuzulassen, weil deren Verdrängung, Verleugnung oder Abspaltung zu einer Abstumpfung oder zumindest Verflachung des subjektiven (Er)Lebens führen würde.

Darüber hinaus muss ein weiterer Aspekt des Gefühlslebens beachtet werden: Alles Fühlen und alle Emotionen beinhalten eine wertende Stellungnahme zwischen angenehm und unangenehm, lustvoll und unlustvoll, aufsuchend und vermeidend (aversiv) oder wie auch immer benannt – allgemein: zwischen positiven und negativen Gefühlen (zu alledem siehe zum Beispiel Bottenberg & Daßler 2002 oder Geuter 2009). Vor allem heftige negative Gefühle wie panische Angst, Ärger und Wut, Trauer und Verzweiflung, Hoffnungs- und Hilflosigkeit, Ohnmachts- und Versagensgefühl, übermäßiges Misstrauen und Antipathie, Eifersucht und Neid unterbrechen massiv die Kontinuität des seelischen Erlebens, Denkens und Handelns und bedürfen deshalb der Herabregulierung. Die Fähigkeit der Herabregulierung negativer Affektivität setzt die Fähigkeit der Modulation des psychovegetativen Erregungs- und Spannungsniveaus voraus beziehungsweise geht mit ihr Hand in Hand. Darüber hinaus muss die Arbeit an negativer Emotionalität mit der klärenden Arbeit an der Psychodynamik einhergehen (wie wir später am Beispiel des Narzissmus noch sehen werden). All dies zusammen bildet die Basis und Voraussetzung für die Erzeugung positiver Befindlichkeiten wie Gelassenheit und Vertrauen, Freude und Humor, Empathie und Sympathie, Akzeptanz und Wertschätzung.

Bei der Arbeit an der Erregungsmodulation spielt der Prozess der emotionalen Verdauung eine wichtige Rolle. Emotionale Verdauung ist ein ebenso alltäglicher wie wenig beachteter Vorgang. Moderne psychosomatische Forschungs- und Behandlungsansätze bestätigen alte Anschauungen und Redewendungen, wonach auch emotionale Erfahrungen sozusagen „verdaut" werden müssen. Dies ist nicht nur metaphorisch zu verstehen, sondern durchaus organismisch, denn die Verarbeitung von emotionalen Erfahrungen involviert tatsächlich mehr oder weniger alle Verdauungsfunktionen vom Kauen und Schlucken bis zur Ausscheidung. Man sagt ja auch redensartlich, „ein Gefühl runterschlucken", „auf etwas kauen", „das muss ich erst verdauen", bis hin zu „mir geht es beschissen". Diesen Prozess nennt man „emotionale Verdauung", im Fachjargon Psycho-Peristaltik (siehe Wagner 2006). Als Psychotherapeut kann man, wenn man gelernt hat, darauf zu achten, ständig beobachten, wie die Verdauungsfunktion der Klienten (und im Zuge der Einfühlung und Affektresonanz auch die des Therapeuten) einsetzt, wenn emotionale Erlebnisinhalte verarbeitet werden. Gerda Boyesen, die Begründerin einer eigenen Körpertherapiemethode, hat die Psycho-Peristaltik ausführlich studiert. Nach ihr gibt es zwei Arten von Reizen für die Verdauungsfunktion (Boyesen 1987): stoffliche, materielle und „feinstoffliche", emotionale Verdauungsinhalte. Und es gibt zwei Wege, mit emotionalen Druck umzugehen: den Weg der expressiven Entladung, des Ausdrucks, und den Weg der vegetativen Entladung in Form von nervösem Magen und Durchfall, von Brechreiz und nervöser Übelkeit und Ähnliches mehr. Das Eingeweidesystem ist also sowohl an der Verdauung als auch an der Unterdrückung von emotionalen Erlebnisinhalten beteiligt. Ersteres zeigt sich an einer ungestörten Psycho-Peristaltik, Letzteres in der so genannten viszeralen oder Eingeweidepanzerung.

Die folgende Übung zur emotionalen Verdauung dient dazu, Restbestände an psychovegetativer Erregung im Zusammenhang mit intensiven Gefühlen (Emotionen), die unsere inneren Organe belasten, abzubauen. Bitte beachten Sie, dass der verbal-emotionale Ausdruck in Beziehung zur betreffenden Person und Situation Vorrang vor der Übung der emotionalen Verdauung hat! Sie sollten diese Übung also nicht als eine Unterdrückungs- und Verdrängungstechnik missbrauchen, denn sie dient lediglich dem Abbau emotionaler ***Rest***bestände ***nach*** und ***ergänzend*** zum verbalen Ausdruck. Dann erfüllt sie die ihr angemessene Funktion, nämlich die der Unterstützung der psychophysiologischen selbstregulatorischen Prozesse! Ansonsten können Sie diese Übung nach allen intensiven, emotionalen Situationen im Lebensalltag, zum Beispiel nach einem Streit oder nach einer herben Frustration, durchführen. Sie eignet sich auch gut als Hausaufgabe für Klienten in einer Beratung oder Psychotherapie nach einer Sitzung, in der ein stark emotional besetztes Thema bearbeitet wurde. Berater und Therapeuten können sie nach einem intensiven emotionalen Arbeitstag im Dienste ihrer eigenen Psychohygiene nutzen.

Zur Vorbereitung verschaffen Sie sich zunächst einen Überblick, welche vor allem negativen emotionalen Zustände, Befindlichkeiten und Regungen Sie schwerpunktmäßig mit welchen inneren Organen und deren Funktionen in Verbindung bringen. Bereits Paracelsus postulierte folgende Zusammenhänge:

- Jähzorn und Ungeduld würden mit Erregung des Herzens einhergehen, dagegen Gleichmut und Geduld mit Beruhigung desselben;
- Herrschsucht gehe mit Erregung, „Sichfügen“ (einwilligen, loslassen) mit Beruhigung des Atems einher;
- Neid belaste Leber und Galle, Freigiebigkeit entlaste sie,
- Angst und Unruhe auf der einen Seite, Gelassenheit und (Gott)Vertrauen auf der anderen Seite brachte er mit den Nieren und der Blase in Zusammenhang;
- Faulheit und Trägheit oder Tätigsein und Maßhalten würden mit der Trägheit bzw. angemessenen Motilität des Magen-Darm-Traktes einhergehen.

In der TCM werden unter anderem folgende Zusammenhänge zwischen Organen und Emotionen postuliert (ausführlich siehe Hammer 2000):

Organe	**negative Emotionen**	**positive Emotionen**
Lunge/Dickdarm	Trauer, Kummer	Mut, Loslassen/ Gelassenheit
Herz/Dünndarm	Ungeduld, Hektik, Launenhaftigkeit, Arroganz	Freude, Liebe, Glück, Lust, Begeisterung, Ausgelassenheit
Leber/Gallenblase	Ärger, Zorn, Wut, Reizbarkeit	Freundlichkeit
Magen/Milz	Besorgtheit, Mitleidigkeit	Mitgefühl, Ausgeglichenheit
Nieren/Blase	Furcht, Angst, Schreck, Schock	Sanftheit

Der Philosoph Immanuel Kant sah den Sitz von Bangigkeit und Freude im Herzen, das Mitleid bewege die Eingeweide und die meisten Affekte das Zwerchfell, womit er die Region des Sonnengeflechts meinte (nach Böhme 1985, 118). Auch Fritz Perls (1979, 71) glaubte, dass die grundlegende Lebenskraft (Bergsons „élan vital") durch innere Organe eine „hormonelle Differenzierung" erfahre; so werde „die ursprüngliche Erregung und Lebendigkeit…, sagen wir, durch die Adrenalin absondernden Drüsen, zu Wut oder Furcht und durch die Geschlechtsdrüsen zu Libido." Und weiter: „Jede Störung des Erregungsstoffwechsels verringert eure Vitalität." Psychosomatische Forschungen bestätigen solche Zusammenhänge, wenngleich diese Zusammenhänge auch um einiges komplexer sein dürften, als die meisten populär- und pseudowissenschaftlichen (esoterischen) Konzepte und Heilweisen es dem Laien glauben machen wollen. Vergleicht man zudem die Literatur verschiedener Kulturen bzw. esoterischer Traditionen dazu, findet man zum Teil erhebliche Unterschiede; auch das zeigt, wie bereits erwähnt, dass somato-emotionale Zusammenhänge durchaus soziokulturellen Einflüssen und dem Zeitgeist unterliegen. Deshalb kann derartige Literatur immer nur eine Orientierungshilfe sein. Vergessen wir außerdem nicht, dass die Menschen recht verschieden veranlagt sind: Jeder hat ***seine*** Orte (Organe) „des geringsten Widerstandes", die mehr oder weniger leicht auf emotionale Erregung ansprechen, während andere Organe eher stabil sind und kaum affiziert werden. Bei einem anderen Menschen mag es ganz anders sein. Aus diesem Grund schlage ich Ihnen vor, vor der Durchführung der Übung zur emotionalen Verdauung folgende Selbstbeobachtung durchzuführen:

Sie sollen sich über einen längeren Zeitraum selbst beobachten und sich notieren, bei welchen emotionalen Zuständen, Befindlichkeiten und Regungen, Stimmungen und Gefühlen welche(s) der folgenden inneren Organe hauptsächlich affiziert, also erregt werden: Herz und Lunge, Leber/Gallenblase und Magen/Bauchspeicheldrüse, Nieren und Blase, Dünn- und Dickdarm. Dies ist zwar nur eine exemplarische Auswahl aus der Vielzahl möglicher Organe, die unter einer somato-emotionalen Perspektive von Bedeutung sein können. Diese Auswahl wurde dennoch bewusst so getroffen, wie Sie im Verlauf der Übung bemerken werden: Sie führt uns sozusagen „absteigend" hin zur Zentrierung im Tempel des Lebens im Bauch-Becken-Raum.

Natürlich sind bei heftigen emotionalen Zuständen immer mehrere Organe affiziert: Zum Beispiel geht bei Angst der Atem flach und schnell, das Herz schlägt schneller, vielleicht spüren Sie ein flaues Gefühl oder Beben in der Magengrube und unter

Umständen bekommen Sie sogar Durchfall. Arbeiten Sie bei der nachfolgenden Übung zur emotionalen Verdauung mit allen affizierten (erregten) inneren Organen. Andererseits können Sie selbst nach einiger Zeit ausgiebiger Selbstbeobachtung den Eindruck haben, dass das eine oder andere Organ selten oder kaum emotional affiziert ist (meist die weniger bewusstseinszugänglichen Organe wie die Nieren). In diesem Fall können Redewendungen der deutschen Sprache als Orientierungshilfe hilfreich sein (im Falle der Nieren: „das geht einem an die Nieren"). Auch die folgende Liste soll Ihnen lediglich eine Orientierungshilfe sein, auf welche emotionalen Regungen und Zustände Sie in nächster Zeit achten könnten:

Abscheu, Ekel – Verachtung – Angst, Ängstlichkeit und Furcht, Furchtsamkeit – Nervosität, (innere) Unruhe – Ärger, Wut, Jähzorn – Niedergeschlagenheit, Schwermut – Eifersucht, Neid – Schreck – Enttäuschung – Feindseligkeit – Ungeduld – Gier, Verlangen – Hass – Kummer – Hoffnungslosigkeit – Macht-, Überlegenheitsgefühl – Hilflosigkeit, Ohnmacht, Resignation, Mutlosigkeit – Reizbarkeit – Scham – Schuldgefühl – (emotionaler) Schmerz, Verletztheit – Sehnsucht, Wehmut – Misstrauen – Stolz, Eitelkeit – Minderwertigkeits-, Unterlegenheitsgefühl – Trauer – Unzufriedenheit – Verbitterung – Verzweiflung…

Eine meiner Patientinnen hatte in der Zeit, als wir intensiv an ihrer Beziehungsgeschichte mit Vater und Mutter arbeiteten, kurz nacheinander zwei Träume, in denen es um Körperorgane ging. Der Vater der Patientin war sehr repressiv gewesen, der in ihrer Kindheit alle vitalen Äußerungen auch durch Schläge massiv „abgewürgt" hat, und auch die Mutter hat alles Individuelle, Ureigene der Patientin verneint.

1. Traum (Ausschnitt): Ich habe ziehende Schmerzen, ausgehend von den Fußballen über die Achillessehnen und Innenknöchel die Innenseiten der Waden, hochsteigend bis in die Kreuzbeinregion, wie ein Hexenschuss. Eine Ärztin untersucht mich und sagt, das komme von den Nieren. Ich habe hierbei das Gefühl, dass es etwas Ernstes ist.

Erinnern wir uns daran, dass massive Frustration und Schicksalsschläge redensartlich uns „an die Nieren" gehen. Im Verlauf der weiteren therapeutischen Arbeit lasse ich die Patientin zunächst zu den Nieren hinspüren und hinatmen. Dann bitte ich sie spürend vom Becken abwärts durch die Beine bis hinunter zu ihren Füßen zu wandern. Dabei vernimmt sie deutlich zwei „Bruchlinien", eine gleich auf der Höhe des Kreuzbeins und eine zweite im Bereich der Knöchel und Achillessehnen.

Mit Hilfe von kontinuierlichem Spüren anhand des inzwischen auch Ihnen, liebe Leserin und lieber Leser, bekannten Übungszyklus zur Erdung/Aufrichtung und Zentrierung („vom Becken abwärts durch die Beine zum Boden…") lösten sich die Blockierungen allmählich auf, Becken und Beine wurden zunehmend als vitaler, durchlässiger und verbundener empfunden. Der geschilderte Verlauf der Schmerzen in dem Traum der Patientin deckt sich übrigens ziemlich genau mit dem Verlauf des Nierenmeridians in der TCM. Diese Nierenenergie besitzt eine haltgebende Funktion im Sinne einer vitalen Aufrichtungs- und Willenskraft im Hintergrund, von Selbstvertrauen und Selbstsicherheit, des individuellen Rückhalts und der kollektiven Rückendeckung durch die internalisierten Eltern- und Ahnen-Imagines, die uns mehr oder weniger „den Rücken stärken" (deshalb stehen am Ende einer Familienaufstellung Eltern und Ahnen möglichst hinter dem Protagonisten).

2. Traum (Ausschnitt): Ich habe einen Teil meiner Leber erbrochen, ungefähr eine Handvoll, und halte den erbrochenen Teil in meiner rechten Hand.

Als wir in der Therapiestunde die Szene nachstellen, bricht bei der Patientin ein tiefer emotionaler Schmerz durch. Sie sagt, es sei eine Art „Lebensschmerz". Im Verlauf der weiteren therapeutischen Arbeit wird deutlich, dass das erbrochene Stück Leber, das sie ***heraus***gewürgt hat, für das durch die Repression des Vaters ***ab***gewürgte Leben steht. Tatsächlich hängt das Wort „Leber" wortstammesgeschichtlich mit dem Wort „Leben" zusammen. Die Leber gilt traditionell als der Sitz der Vitalseele, und auch in der TCM ist die Leber-Gallenblasenenergie die Grundlage aller Vitalitätserscheinungen. Schließlich hatte die Patientin tatsächlich erhöhte Leberwerte, ohne dass eine medizinische Ursache bzw. Erklärung dafür gefunden worden war.

Wir haben hiermit also zwei Beispiele, die aufzeigen, dass es sich lohnt, die psychodynamische Aufarbeitung mit der organismischen Selbstregulation und -gestaltung zu verbinden – sowohl in der Therapiesitzung selbst als auch als längerfristige therapeutische Hausaufgaben –, weil beide sich gegenseitig wunderbar ergänzen und befruchten.

Doch nun zurück zu unserer Übung zur emotionalen Verdauung. Für diese Übung sollten Sie ein einigermaßen zutreffendes Vorstellungsbild von der Größe und Form der erwähnten inneren Organe sowie ihrer Lokalisation im Rumpf haben. Im Zweifelsfalle vergewissern Sie sich bitte in einem Anatomieatlas.

Sitzen Sie für diese Übung aufrecht auf einem Stuhl und legen Sie Ihre Hände locker auf Ihren Oberschenkeln ab. Sie können entweder einen kompletten Übungszyklus mit allen genannten Organen durchführen oder aber auch nur mit einem einzelnen oder einigen Organen arbeiten, zum Beispiel mit denjenigen, die akut oder chronisch affiziert sind. Am Anfang ist es jedoch empfehlenswert, sich immer wieder Zeit für den Durchlauf aller Organe mit den zugehörigen negativen emotionalen Erregungen und Qualitäten zu nehmen. Der allgemeine Ablauf der Übung ist wie folgt:

1. ***Sammeln*** Sie alle Aufmerksamkeit in dem entsprechenden Organ, mit dem Sie jetzt gerade arbeiten. Wenn Sie den gesamten Zyklus üben wollen, gehen Sie in der Reihenfolge Herz – Lunge – Leber/Gallenblase – Magen/Bauchspeicheldrüse – Nieren – Dick- und Dünndarm – Blase vor. ***Visualisieren*** Sie das entsprechende Organ, mit dem Sie gerade arbeiten, größen-, form- und ortsgetreu in Ihrem Rumpf und ***spüren*** Sie in das entsprechende Organ oder in den Ort dieses Organs hinein.

2. ***Vergegenwärtigen*** Sie sich die negativen affektiven Regungen und emotionalen Zustände, die für Sie schwerpunktmäßig mit diesem Organ verbunden sind. In einem akuten Erregungszustand wird dies nicht weiter schwierig sein. Im Falle, dass Sie ohne aktuellen Anlass üben, helfen Ihnen Ihre Selbstbeobachtungen und konkreten Erinnerungen, um die mit diesem Organ verbundenen affektiven Regungen zu verspüren.

3. Wenn Sie so weit sind, stellen Sie sich vor, wie die mit dem entsprechenden Organ verbundene affektive Erregung oder Qualität in einen dunklen und dumpfen, trüben und grauen, schleimigen und zähflüssigen Strom in einen Sammelpunkt abfließt, der sich zwei bis drei Fingerbreit unterhalb des Nabels (etwa auf halbem Weg zwischen Nabel und Schambein-Oberkante) befindet und etwa die Größe eines Zwei-Euro-Stückes besitzt.

4. Das Abfließen der emotionalen Erregung erfolgt in folgenden Bahnen (siehe Körperselbstbild der Abb. 17, Farbtafeln):
   - vom Herzen erfolgt das Abfließen direkt entlang der Körpermittellinie nach unten in den Sammelpunkt;
   - von den Lungen erfolgt es in zwei Bahnen rechts und links der Körpermittellinie und dann im Bogen von rechts und links zum Sammelpunkt;

- von der Leber/Galle erfolgt das Abfließen rechts der Körpermittellinie und dann im Bogen zum Sammelpunkt;
- von Magen/Bauchspeicheldrüse erfolgt es links der Körpermittellinie und dann zum Sammelpunkt;
- von den Nieren erfolgt das Abfließen in zwei Bahnen rechts und links von hinten über den Beckenkamm nach vorne und weiter in den Sammelpunkt;
- beim Dick- und Dünndarm fließt die emotionale Erregung/Qualität direkt konzentrisch (wie Wasser in ein Abflussrohr) im Sammelpunkt zusammen;
- ebenso bei der Blase, die ja hinter dem Sammelpunkt liegt.

5. Schließlich stellen Sie sich vor, dass Sie die abgeflossene affektive Erregung um den Sammelpunkt herum von ***innen*** (also von der Bauchhöhle her mit Blick auf die Bauchwand) betrachtet ***gegen*** den Uhrzeigersinn spiralig rotierend verwirbeln. Dies entspricht dem eben erwähnten Bild eines Wasserstrudels über einem Abflussrohr, der von außen gesehen im Uhrzeigersinn, jedoch von innen her betrachtet gegen den Uhrzeigersinn rotiert (zumindest auf der nördlichen Erdhalbkugel). Dieser Wirbel hat in etwa den Durchmesser eines Tischtennisballs bis maximal eines Tennisballs. Visualisieren Sie sowohl den abfließenden Strom an affektiver Erregung als auch den Energiewirbel so konkret wie möglich, sodass Sie irgendwann (mit etwas Übung) auch etwas spüren.

Verfahren Sie bei jedem Organ gleich, also immer alle Schritte von 1 – 5! Natürlich lässt sich dieses Übungsprinzip auch auf andere Körperorgane übertragen: Man kann zum Beispiel genauso Resttraurigkeit aus den Augen(höhlen) oder Restwut (Groll) aus der Kiefermuskulatur abfließen lassen. Achten Sie dabei immer auf Ihre Empfindungen: Was können Sie spüren? Löst sich etwas? Manchmal gluckst oder poltert es richtig im Bauchraum; manchmal gibt es eher ein feines Prickeln oder Strömungsempfinden von Wärme oder erfrischender Kühle. Manchmal ist die Freisetzung von Körpersäften zu spüren oder sind Verdauungsgeräusche zu hören. Manchmal zieht, zuckt und zittert (vibriert) es auch in der Region, in der wir gerade arbeiten. Wie ist Ihr Gesamtbefinden nach der Übung? Wenn Sie den gesamten Zyklus durchlaufen, erlangen Sie nicht nur eine gewisse Ausgewogenheit der Körperhälften, sondern gleichzeitig zentrieren Sie sich absteigend von oben nach unten in Ihrem Bauch-Becken-Raum, im Tempel des Lebens. Im Anschluss hieran bietet sich die nachfolgende Übung zum „inneren Kraftplatz" oder die anschließende Zentrierungsübung an, weil beide nach intensiven emotionalen Prozessen uns wieder stabilisieren.

Ü 8: Der Kraftplatz in mir

Mitten im Bauch-Becken-Raum finden wir also den Tempel des Lebens, die Zentrierung unseres vitalen Daseins- und Selbstgefühls. Hier befindet sich ***der*** „sichere Ort" und ***die*** vitale Kraftquelle in uns, die uns Halt geben in den Stürmen und Irritationen des Lebens, welche uns in unserem vitalen Daseins- und Selbstgefühl zu erschüttern drohen. Ein literarisches Beispiel hierfür finden wir in dem Roman „Tausend strahlende Sonnen" von Khaled Hosseini (2009), in dem er das Leben und Schicksal zweier traumatisierter Frauen in den Kriegswirren Afghanistans schildert. Laila, eine der beiden Frauen, saß, nachdem sie die Nachricht vom Tod ihres Geliebten erhielt, „reglos auf dem Stuhl, die schlaffen Hände im Schoß, die Augen ins Leere gerichtet mit losgelöstem Verstand. Sie ließ die Gedanken schweifen, bis sie einen guten und sicheren Platz fanden, wo Gerstenfelder grünten, klare Bäche sprudelten und Myriaden fedriger Pappelsamen durch die Luft schwirrten; …wo sie, die Füße ins Wasser getaucht, unter der Wacht uralter Götter, der von der Sonne gebleichten Felsen, von schönen Dingen träumen konnte" (193). In diesem Sinne hat Luise Reddemann im Kontext ihrer Arbeit mit traumatisierten Patienten eine Reihe von Übungen entworfen, die sich als hilfreich zur Re-Stabilisierung erwiesen haben. Die nachfolgend beschriebene Übung unterscheidet sich methodisch jedoch wesentlich von Reddemanns Ansatz durch die ***leibliche Verortung*** der inneren Bilder. Reddemann belässt es bei der Vorstellung oder gar beim Gedanklichen, weil es mit ihrem Klientel offensichtlich immer wieder Nebenwirkungen dieser Übungen gegeben hat (2007, 44). Sie habe die Erfahrung gemacht, „dass das Denken über eine solche Übung letzten Endes die gleiche Wirkung" habe (2007, 45). Beides deckt sich nicht mit meinen Erfahrungen mit traumatisierten Patienten: Bei ausführlicher Vorarbeit und achtsamer Begleitung, also nicht zu früh eingeführt, hat die folgende Übung bisher keinerlei Nebenwirkungen bei einem meiner Patienten gehabt, die diese nicht selbst haben regulieren können. Meines Erachtens ist die leibliche Verortung sogar unbedingt erforderlich, denn nur so können sich die Bilder im Leibgedächtnis „einfleischen", also sich die bereits erwähnten Körperschleifen bilden, um im Bedarfsfall als implizites Leibwissen selbstverständlich und haltgebend verfügbar zu sein. Dies deckt sich offensichtlich auch mit den Erfahrungen anderer Traumatherapeuten (siehe Linden 2007; Madert 2007; Dressler-Bellmund & Willach-Holzapfel 2009).

Sie haben vielleicht schon einmal gehört, dass es tatsächlich Kraftplätze in der Außenwelt geben soll. Ich möchte Sie nun einladen, Ihren ureigenen, inneren Kraftplatz kennen zu lernen. Entsprechende Musik kann Sie notfalls, zum Beispiel nach heftigen emotionalen Prozessen, in dieser Übung unterstützen. Jedoch sollten Sie normalerweise ohne musikalische Unterstützung üben, damit Sie sich nicht daran gewöhnen, sondern lernen, visualisierend und konzentrativ erspürend ***autogen***, das heißt, aus sich selbst erzeugt, in den gewünschten Zustand zu gelangen.

Sitzen Sie aufrecht auf einem Stuhl und legen Sie die Hände bequem in den Schoß vor den Unterbauch. Erinnern Sie sich an einen Platz in der Natur, der für Sie kraftvoll ist oder einen Kraftplatz darstellt. Wenn es für Sie keinen solchen gibt, lassen Sie eine innere Landschaft entstehen oder folgen Sie einem Fluss- oder Bachlauf zurück bis zu seiner Quelle. Lassen Sie Bilder aufsteigen von einem Ort der Kraft, einer Quelle von Kraft, wie immer sich Ihre innere, vitale Kraftquelle für Sie darstellen mag: Als Wasser-, Licht- oder Wärmequelle; als ein Ort in der Natur, zum Beispiel als Wald, Lichtung, Höhle, Felsen, Berggipfel, Tal…; als ein Kulturgebilde, zum Beispiel als Tempel, Altar, Kirchenschiff, Kreuzgang, Taufbecken, Gewölbesaal, Thronsaal…; oder aber symbolisch als Kreis, Kreuz, als geometrische Figur wie Dreieck, Quadrat, Pentagramm, als Mandala und so weiter. All dies sind nur Anregungen, warten Sie, was Ihnen in den Sinn kommt. Spüren Sie nach, wie es Ihnen an diesem Ort geht. Wenn irgendetwas unbehaglich ist, verändern Sie es bitte in Ihrer Vorstellung so, dass alles, was Sie wahrnehmen, sich behaglich, kraftvoll und sicher anfühlt. Dann können Sie sich auf zweierlei Art und Weise mit diesem Ort und dieser Kraft verbinden:

1. indem Sie das Bild mitten in den Bauch-Becken-Raum verlagern, den Ort und die Quelle der Kraft mitten im Tempel des Lebens visualisieren – so verbinden Sie diesen Kraftplatz beziehungsweise diese Kraftquelle mit Ihrem leiblichen, vitalen Dasein;

2. in der Weise, dass Sie sich mitten in der Wasser-, Licht- oder Wärmequelle, in dem Wald, der Lichtung oder Höhle, auf dem Felsen, Berggipfel oder in dem Tal, in dem Tempel oder Kirchenschiff, in dem Gewölbe- oder Thronsaal…, oder mitten in dem Symbol stehend oder sitzend, auf jeden Fall ruhend visualisieren!

Spüren Sie, wie sich das anfühlt. Verweilen Sie darin für ein paar Minuten, bevor Sie wieder in die Realität (Außenwelt) zurückkehren.

Eine andere, etwas direktere Form der Zentrierung im Tempel des Lebens ist die folgende Übung:

Ü 9: Energiekugel

Sitzen Sie für diese Übung aufrecht auf einem Stuhl und legen Sie die Hände auf den Unterbauch. Wenn Sie die Bauchdecke freigeben, dann können Sie spüren, wie Ihr Atem die Bauchdecke bewegt. Die Bauchatmung stellt sich ganz von selbst ein, wenn Sie sich konzentrieren und achtsam spüren. Um sich rundum wohlzufühlen, bedarf es eines runden Bauch-Becken-Raumgefühls – das ist eines der Merkmale von Zentriertheit im Tempel des Lebens. Zentriertheit im Bauch-Becken-Raum, ohne den Unterbauch weich nach außen sich runden zu lassen, also bei einem eingezogenen Bauch und hochgezogenen Schultern ist unmöglich!

Versuchen Sie dann, sich Ihr Körperlot zu vergegenwärtigen und dieses als vertikale Verbindungslinie vom Scheitelpunkt zum Beckenboden zu imaginieren. Die einfachste Methode, sein Körperlot zu finden, besteht darin, ganz sachte hin und her zu pendeln – vor und zurück, rechts und links, oder auch kreisend – und sich langsam im Lot einzupendeln. Das Lot haben Sie erreicht, wenn Sie keinerlei Abweichung, also keine Ausgleichsbewegungen mehr spüren.

Erinnern Sie sich, dass Ihr Bauch-Becken-Raum wie eine Schale gebaut ist. ***Vergegenwärtigen*** Sie sich dann den Raum zwischen dem Sammelpunkt vorne, zwei bis drei Finger breit unterhalb des Nabels und dem Kreuzbein hinten. Verbinden Sie diese beiden Punkte, indem Sie wiederum eine Verbindungslinie imaginieren. Diese horizontale Verbindungslinie hat mit dem vertikalen Körperlot einen Schnittpunkt mitten im Bauch-Becken-Raum. Dann vergegenwärtigen Sie sich in derselben horizontalen Ebene den Raum zwischen dem rechten und dem linken Hüftgelenk. Verbinden Sie diese beiden Punkte, indem Sie wieder mit Hilfe Ihres Vorstellungsvermögens eine Verbindungslinie von dem rechten Hüftgelenk mitten durch den Bauch-Becken-Raum zum linken imaginieren. Diese Verbindungslinie trifft sich wiederum mit den beiden anderen Verbindungslinien in ein und demselben Schnittpunkt mitten im Bauch-Becken-Raum.

Um diesen Schnittpunkt mitten in der Becken-Schale ***visualisieren*** Sie bitte eine Energiekugel etwa in der Größe eines Tennisballes. Lassen Sie zunächst ein konkretes Bild entstehen. Dieser Energieball sollte relativ klar konturiert sein. Stellen Sie sich vor, dass nicht Sie, sondern dieser Ball atmet: Im Einatem dehnt er sich aus, im Ausatem kehrt er zu seiner Ausgangsgröße zurück. Sie können hierbei den

Einatem mit der Formel „tief“ und den Ausatem mit der Formel „ruhig“ begleiten. Machen Sie aber keine Atemübung, sondern lassen Sie Ihren Atem kommen und gehen, wie er eben kommt und geht (verbundenes Atmen!). Versuchen Sie mit all Ihrer Aufmerksamkeit eine Zeitlang dabei zu verweilen.

Achten Sie auch bei dieser Übung auf Ihre Empfindungen im gesamten Bauch-Becken-Raum: Können Sie ***spüren***, wie bereits der Aufbau der Achsen Sie in die Tiefe Ihres leibhaftigen Daseins führt?

Diese Übung lässt sich auch wunderbar mit der Übung „Stehen wie ein Baum“ verbinden:

Stehen Sie wieder aufrecht im Reiterstand. Vergegenwärtigen Sie sich Ihr Körperlot und lassen Sie Ihren Atem kommen und gehen, wie er kommt und geht, möglichst ohne einzugreifen. Dies gilt auch für die gesamte folgende Übung, dass Sie Ihrem Atem folgen und keine Atemübung machen! Wandern Sie nun mit ihrem Vorstellungs- und Empfindungsvermögen in Verbindung mit Ihrem Atemzyklus wie folgt durch Ihren Körper:

→ Im nächsten ***Aus***atem vom Becken abwärts durch die Beine zum Boden hin ***sich sinken lassen*** (tief und breit sich im Boden verankern);
→ im nächsten ***Ein***atem aus dem Becken heraus entlang des Körperlotes zum Scheitelpunkt hin ***sich wachsen lassen***;
→ mit Beginn des nächsten ***Aus***atems in den Schultern ***sich loslassen*** und
→ gegen Ende dieses Ausatems in der Beckenschale ***sich niederlassen***. Verweilen Sie für einige Atemzüge mit der Aufmerksamkeit im Bauch-Becken-Raum. Legen Sie dabei Ihre Hände auf den Unterbauch und geben Sie die Bauchdecke und den Atem frei, damit sich die Bauchatmung einstellt. Bleiben Sie im Unterbauch kon***zentriert***, indem Sie (wie oben beschrieben) den Raum aufspannen und eine atmende Energiekugel im Schnittpunkt der Raumkoordinaten im Unterbauch visualisieren.
→ Mit einem der nächsten Ausatem beginnt der Zyklus wieder von vorne…

Diese Übung verbindet die Aspekte der Erdung und Aufrichtung mit der Zentrierung im Hara, im Tempel des Lebens. Sie bedarf einiger Übung, aber nur Übung macht den Meister. Dann stellt sie eine echte (Unter)Stützung für alle Prozesse des vitales Daseins- und Selbstgefühls und für die Ausrichtung zur Welt dar.

Bezogenes Selbstgefühl – vom Ich zum Du

Man muss ein Mitglied einer Gemeinschaft sein,
um ein Selbst zu sein.

GEORG HERBERT MEAD

Der menschliche Organismus ist bereits der Prototyp für das Gleichgewicht zwischen dem individualisierten, zentrierten und zugleich an der Welt partizipierenden und auf die Welt bezogenen, ausgerichteten Selbst. Er betreibt im Hinblick auf seine Selbstregulation sozusagen sowohl Innen- als auch Außenpolitik. Die „Innenpolitik" umfasst alle innerpsychischen, selbstbezogenen und nicht-interaktiven Regulationsmaßnahmen, wie zum Beispiel die Modulation des Erregungsniveaus. Die „Außenpolitik" beinhaltet interaktive, interpersonale und weltbezogene Regulationsmaßnahmen – in unseren Eingangsbeispielen zur Blutzucker- und Temperaturregulation das Besorgen von Nahrung oder eines Pullovers, im zwischenmenschlichen Bereich durch die Regulation von Nähe und Distanz, Bindung und Autonomie (Abgrenzung, Selbstbehauptung) und so weiter. Unser Selbstgefühl ist demnach, wie alle Gefühle, nicht nur ein individueller Zustand, sondern zugleich die Art und Weise, bezogen zu sein auf…, sei es auf sich selbst (Selbstbezug, Selbstverhältnis), sei es auf jemand anderen oder etwas anderes (Weltbezug). Die eigene Befindlichkeit ist also immer zugleich ein Sichbefinden ***mit*** anderen *in* der Welt (in Anlehnung an Heidegger). Das Selbstgefühl ist somit im Grunde stets ein ***bezogenes Selbstgefühl***!

Entsprechende psychologische Forschungsbefunde weisen eindeutig darauf hin, dass der Mensch zur Entwicklung eines angemessenen Selbstgefühls in hohem Maße auf Mitmenschen angewiesen ist. Und umgekehrt: Die Beziehung zu sich selbst erweist sich als grundlegend für die Herstellung und Gestaltung einer Beziehung auch zu anderen. Das Außen (die Umwelt) und der andere (der Mitmensch) ist das, an dem und in dem ich mich selbst kennen lerne. Eigenes ist immer nur in Unterscheidung von und Übereinstimmung mit anderem gegeben: Ich empfinde mich selbst und finde mich selbst zunächst im Kontakt mit dem anderen und werde, was ich bin, indem ich mich damit identifiziere. Das ist die Grundlage dafür, das Eigene im anderen

(Projektion) und das andere im Eigenen wieder zu finden (Introjektion) – Prozesse, mit deren Klärung sich psychodynamische Therapien beschäftigen. Der bereits erwähnte Rollo May (1990) meinte, dass jede Person nicht nur das Bedürfnis habe, ihre Zentrierung zu erhalten, sondern zugleich das Bedürfnis und die Möglichkeit habe, aus ihrer Zentriertheit herauszutreten, um sich mit anderen Menschen einzulassen. Dies bedeute immer, ein Risiko einzugehen, denn wenn der Organismus zu weit aus sich herausgehe, verliere er seine eigene Zentrierung mit der Gefahr der Auflösung seiner selbst im Aufgehen und in der Identifizierung mit anderen. Wenn sich die Person jedoch vor dem Verlust ihrer eigenen Zentriertheit derart fürchtet, dass sie sich weigert, aus sich herauszugehen, dann sind ihr Wachstum und ihre Entfaltung blockiert. Die Erfahrung des anderen bedeutet also in jedem Fall eine Herausforderung für uns selbst (Schmid 1998, 258).

Ein bezogenes Selbstgefühl ist gewissermaßen ein „mittlerer Modus" oder ein Oszillieren zwischen Selbst- und Weltbezogenheit und stellt damit ein selbstregulatorisches Korrektiv dar, denn übermäßige Selbstbezogenheit (Egozentrismus, Narzissmus) beinhaltet die Gefahr der Entfremdung von der Welt, und übermäßige Weltbezogenheit (Überangepasstheit, Unterwürfigkeit) beinhaltet die Gefahr der Selbstentfremdung. Da Bezogenheit eine existentielle Gegebenheit ist, stellt auch der Prozess der Individuation, der Selbstverwirklichung, stets eine bezogene Individuation dar. Bezogene Individuation vermeidet sowohl den Verlust des Selbst durch einseitige und übermäßige Ausrichtung auf die Welt als auch den Verlust der Welt durch einseitige und übermäßige Selbstzentriertheit. Der Begriff des bezogenen Selbstgefühls impliziert die Fähigkeit, bei sich bleibend (zentriert seiend) auf die Welt ausgerichtet, beim anderen sein zu können. Er beinhaltet das Paradox von Autonomie und Verbundenheit, von Freiheit und Verbindlichkeit. Es gilt also,

- dass es kein Selbstsein ohne Bezogensein und kein Bezogensein ohne Selbstsein, und
- dass es keine Würdigung, Achtung und Wertschätzung des anderen ohne Würdigung, Achtung und Wertschätzung seiner selbst geben kann.

Diese innige Verflechtung bedarf der Bewusstmachung, sodass man einen Sinn für das Selbstsein in Bezogensein entwickeln kann – egal, ob man das Wort „Sinn" eher im Sinne von Erkenntnis, Gefühl oder sinnlicher Erfahrung, als Kognition oder Emotion, als Wunsch, Bedürfnis oder Streben versteht.

Auch unser bezogenes Selbstgefühl drückt sich in den Körperselbstbildern aus. Hier wird unsere Leiblichkeit nicht mehr grundsätzlich abgelehnt, sondern in den Dienst unseres Welt- und Selbstbezugs gestellt. Dementsprechend fühlt man sich dem Körper nicht mehr ausgeliefert, sondern im Gegenteil, unsere Leiblichkeit wird vor allem im Falle eines übermäßigen Welt- oder Selbstbezugs instrumentalisiert, ja sogar mechanisiert. Bei diesen Formen der Leibesbeziehung wird der Körper gehandhabt wie eine Maschine, die gut gewartet werden muss, damit er möglichst lange möglichst effizient oder attraktiv bleibt und wo man möglichst um eine Maximierung der Funktionstüchtigkeit oder Attraktivität bemüht sein muss, koste es, was es wolle – ansonsten werden Teile einfach repariert oder ausgetauscht. Dies enthält offensichtlich ausbeuterische Züge gegenüber dem Leib.

Meist kommt noch eine zweite Komponente dazu, nämlich der Aspekt der Kompensation. Der Körper wird hier als Mittel der Kompensation benutzt, zum Beispiel körperliche Leistung als Quelle und Möglichkeit der Kompensation psychischer Defizite genommen. Dies ist sozusagen die Gegenposition zu der Auffassung vom Leib als Schwachstelle. In all diesen Fällen ist der Mensch mit seiner Körperlichkeit dergestalt (über-)identifiziert, dass er nahezu sein ganzes Selbstbewusstsein aus seinem körperlichen Leistungsvermögen bezieht. Das Körperbild der Abb. 18 (Farbtafeln) ist das einer Person in einem Sozialberuf mit Erschöpfungssyndrom auf dem Hintergrund einer hinsichtlich emotionaler Zuwendung äußerst defizitären Kindheitsgeschichte und gegenwärtigen Partnerbeziehung. Man beachte hier die Überbetonung von Händen in Verbindung mit dem überbreiten (sehr verspannten) oberen Rücken als Verkörperung einer übermäßigen Einstellung von Bemächtigung und Machbarkeit, des willentlichen Zugreifens und Anpackens. Dies kann als Kompensation zu ihrem vital-emotionalen Mangelzustand und eines mangelnden Halts in sich selbst verstanden werden. Sie brauchte diese massigen Schultern und Hände, um wenigsten in der Welt einen Halt zu finden. Dieser Person war es also nicht möglich, sich in ihren Schultern loszulassen und in ihrer Beckenschale (im vitalen Daseins- und Selbstgefühl) niederzulassen.

Im Zusammenhang mit der Kompensation psychischer Defizite, jedoch verlagert auf den Pol des Selbstbezugs, kommt in der Körper- und Fitnesskultur der Gegenwart eine weitere Variante der Instrumentalisierung des Leibes zum Vorschein, nämlich der Leib als Mittel und Objekt der Selbstgefälligkeit. Je näher der tatsächliche Körper den idealisierten Vorstellungen von Jugendlichkeit, Gesundheit, Fitness und Schönheit kommt, desto höher ist einerseits sein „Tauschwert“, andererseits wird unterstellt, dass, wer gut ausschaut, sich auch gut fühlt – was immer auch „gut“ heißen mag. In diesem Falle mache ich meinen Leib – oder den meiner Mitmenschen – zur Quelle und zum Erfüllungsgehilfen meiner narzisstischen Bestrebungen: meines Strebens danach, sich selbst und anderen zu gefallen („Spieglein, Spieglein an der Wand…“), nach Beliebtheit und Bewunderung sowie nach Selbstidealisierung. Selbst zwischenmenschlicher Kontakt und Intimität bleiben davon nicht verschont: Besonders bei Männern wird Sexualität dann zu einer Sache von Potenz („Mächtigkeit“) im Sinne von „Wie groß? Wie häufig? Wie lange?“, statt schlicht und einfach des „Wie?“ oder „Wie innig?“ Der ganze Körper steht dann sozusagen für den Phallus des Mannes. Solche Menschen, Männer wie Frauen, sind chronisch beunruhigt über ihre Gesundheit, über das Altern und den Tod. Sie sind ständig auf der Suche nach Mäkel und Anzeichen des Niedergangs, sind gierig, mit anderen Menschen zusammenzusein, bei gleichzeitiger Unfähigkeit zu tiefen Beziehungen (Freundschaften). Sie neigen dazu, sich selbst zu verkaufen, als ob die Persönlichkeit eine Ware wäre, oder verhalten sich permanent so, als ob sie jederzeit auf einer Bühne stünden. Sie sind hungrig nach emotionalen Erfahrungen und werden gejagt von Fantasien der Omnipotenz oder der ewigen Jugend. In eine Formel gebracht gilt der Satz: „Mehr Schein als Sein“. Die Antwort auf die Frage, ob man ein „guter“ Mensch ist und ob man sich „gut fühlt“, hängt davon ab, ob man „gut ankommt“. Das äußere Erscheinungsbild und die Wirkung auf andere sollen innere Unzulänglichkeitsgefühle kompensieren. Attraktivität und Intensität müssen die mangelnde Tiefe und mangelnde Qualität kompensieren. Jegliche vorzugsweise zur Steigerung der körperlich-sexuellen Attraktivität motivierte Fitness ist hierunter ebenso einzureihen wie manche Auswüchse der Schönheitsindustrie und -chirurgie, und auch die „Körper-Künstler“ (Ballett, Tanzsport und so weiter) unterliegen dieser Gefährdung. Auf diese narzisstische Seite in uns setzen auch die Werbestrategien unserer Konsumgesellschaft. Charakteristisch für all diese „Verzerrungen“ der Identität ist meist eine übermäßige Empfindlichkeit, Verletzlichkeit und Kränkbarkeit aufgrund eines falschen Stolzes. Diese Art von Stolz kann niemals die Quelle eines authentischen Selbstbewusstseins und Selbstwertgefühls sein (mehr dazu später).

Ein kurzer Ausflug in die Psychologie der Selbstwertschätzung

Sich selbst klein zu halten dient nicht der Welt.

Nelson Mandela

Zu lieben setzt voraus, dass man sich selbst genügen muss.

Sören Kierkegaard

Wenige Menschen überhaupt haben den Glauben an sich.

Friedrich Nietzsche

Inspiriert durch Carl Rogers, den Begründer der Klientzentrierten Gesprächstherapie, wurde die unbedingte Wertschätzung und Akzeptanz des Klienten als heilsame therapeutische Variable ausgiebig wissenschaftlich erforscht und bestätigt. Abraham Maslow (1981), einer der Mitbegründer der Humanistischen Psychologie, postulierte im Rahmen seiner inzwischen allgemein bekannten Bedürfnishierarchie unter anderem ein Bedürfnis nach Selbstwertschätzung. Heutzutage gilt die emotionale Wertschätzung in allen pädagogischen, therapeutischen und gruppendynamischen Bezügen (Erziehung, Psychotherapie, Teamführung) als eine unbedingt zu berücksichtigende Variable. Wertschätzung ist auch ein unabdingbarer Faktor im Selbstbezug. Grundlage aller Selbstwertschätzung ist eine Selbsteinschätzung, also eine vergleichende, beurteilende und wertende Sichtweise auf die eigene Person. Das Selbstwertgefühl ist demnach das Gefühl infolge einer globalen Bewertung seiner selbst oder einer spezifischen Bewertung bestimmter Aspekte seiner selbst im Vergleich zu irgendwelchen „Referenzwerten“. So kommt es zu selbstwertdienlichen, entweder selbstwerterhaltenden oder -steigernden Strategien des Vergleichs, der Selbstdarstellung (Beeindruckung; impression management), der sozialen Anpassung und der Selbstrechtfertigung. Diese Strategien und deren zugrundeliegende „Referenzwerte“ sowie deren Ursprung und Gültigkeitsanspruch werden in entsprechenden Psychotherapien kritisch, unter Umständen auch sozial- und gesellschaftskritisch reflektiert.

Das Selbstwertgefühl beruht also zu einem großen Teil auf sozialen Vergleichs-, Beurteilungs- und Bewertungsprozessen all jener Verhaltensweisen, Eigenschaften und sonstigen Merkmale, die das ausmachen, was ich unsere Merkmals-Identität nenne (davon später mehr). Weil dieses Selbstwertgefühl sehr von den soziokulturellen Bedingungen abhängt, in denen man lebt, handelt es sich im Grunde um eine ***bedingte*** Wertschätzung. Je inkompatibler diese soziokulturellen Referenzwerte mit uns selbst sind – zum Beispiel die in unserem Kulturkreis gültigen körperlichen Idealmaße im Gegensatz zum biologisch bedingten Körperbau, oder das „Anti-Aging" im Gegensatz zu den normalen biologischen Alterungsprozessen –, um so mehr spreche ich von einem „Fremdwertgefühl", weil Selbsteinschätzungen aufgrund solcher Vergleichsprozesse uns eher von uns selbst entfremden, anstatt zu einem authentischen Selbstwertgefühl zu verhelfen. Um das am Beispiel des Anti-Aging in einer Analogie zu verdeutlichen: Ein Fünfzig-Euro-Schein ist doch fünfzig Euro wert, egal, ob er frisch gedruckt und glatt (= jung) oder vergilbt und zerknüllt (faltig = alt) ist, also unabhängig von sonstigen, zeitbedingten Merkmalen des Scheins (im doppelten Sinne des Wortes!). Sein Wert beträgt unabhängig vom Erscheinungsbild fünfzig Euro, und es gibt keine Fünfzig-Euro-Scheine, die wertvoller sind als andere, oder? Die Vergleichprozesse der bedingten Selbstwertschätzung verlangen, sich selbst kritisch zu beobachten – in den eben genannten Beispielen das Körpergewicht, jede Alterserscheinung –, die unbedingte Selbstwertschätzung impliziert, sowohl auf sich selbst zu achten als auch sich selbst, die Würde der eigenen Person zu achten im Gegensatz zur Selbstverneinung (Selbstablehnung) und Selbstverachtung.

Die Basis jeglicher Selbstwertschätzung kann also nur eine unbedingte Selbstbejahung und Selbstachtung sein. Hier lohnt sich ein kurzer Ausflug zu dem Philosophen Paul Tillich, der den Aspekt der unbedingten Selbstbejahung in seinem Werk „Mut zum Sein" (1991) schön herausgearbeitet hat. Zunächst einmal sei der Mut zum Sein eine Funktion der Vitalität. Diese Vitalität könne nicht von der Totalität des Menschen, seinem Denken, Fühlen und Handeln getrennt werden, sonst wäre er ja in einen blutlosen Intellekt und eine sinnlose Vitalität gespalten. Die Vitalität stärken heißt also, den Mut zum Sein zu stärken. Der gefühlsmäßige Ausdruck des mutigen Ja zum Sein sei die Lebensfreude. All dies deckt sich mit unseren Ausführungen zum vitalen Daseins- und Selbstgefühl. Zugleich beinhalte der Mut zum Sein eine fundamentale, essentielle Selbstbejahung – trotz alledem, was gegen eine Bejahung seiner selbst spreche: „Ja" zu sich selbst zu sagen trotz aller eigenen Unzulänglichkeiten und Unvollkommenheit, trotz des Abgründigen, Dämonischen und Triebhaften in oder an uns. Neurose kann man dann als eine Form fragmentarischer oder reduzierter Selbstbejahung im Sinne von „ja, aber…“ verstehen. Ohne diese fundamentale Selbstbejahung ist es unmöglich, sich seinen Entwicklungs- und Lebensaufgaben sowie seiner Verantwortung im Leben zu stellen. Entscheidend für diese Selbstbejahung sei, dass sie von allen moralischen, intellektuellen und religiösen Voraussetzungen unabhängig, in diesem Sinne bedingungslos ist. Diese Selbstbejahung ermögliche es, zu seiner Individualität, zu seiner Verschieden- und Eigenheit zu stehen und das Wagnis einzugehen, sein Leben sozusagen experimentell anzugehen, sich zu erproben, wobei ein Misslingen kein Versagen bedeute, keine Entmutigung mit sich bringe, sondern einen Anlass darstelle zu einem erneuten Wagnis, einem erneuten Sicherproben. Ohne diese Selbstbejahung fehle auch der Mut, die eigene essentielle Natur, sein wahres Selbst gegen alles bloß Zufällige (weniger Wesentliche) zu behaupten, wodurch erst so etwas wie Selbstverwirklichung möglich werde (dazu später mehr).

Zurück zur psychologischen Forschung (siehe Mummendey 2006; Schachinger 2005). Diese zeigt, dass Personen mit ***niedriger*** Selbstwertschätzung ein negatives und unsicheres Selbstbild haben und deswegen Kritik und Misserfolge schlecht ertragen können, weil sie diese sehr persönlich nehmen. Sie sind mehr mit der Kritik- und Misserfolgsvermeidung beschäftigt als mit Herausforderungen, die zwar ein Kritik- oder Misserfolgsrisiko beinhalten, aber ihre Selbstwertschätzung erhöhen könnten. So entwickelt sich ein Teufelskreis aus Vermeidung, Abwehrstrategien und Aufrechterhaltung der geringen Selbstwertschätzung. Ihre emotionale Verfassung ist durch äußere Ereignisse sehr beeinflussbar, und ihr Wunsch nach sozialer Anerkennung und Beliebtheit überlagert häufig ihre persönlichen Interessen (eine Form der Selbstverleugnung). Im äußersten Falle sind sie überzeugt, dass es unnütz ist, persönliche Ziele und Interessen zu verfolgen (eine Form der Selbstaufgabe). Geringe Selbstwertschätzung korreliert demnach mit nahezu allen psychischen Störungen wie Depression, Ängsten, Zwängen, Essstörungen, Alkohol-, Medikamenten- und Drogenkonsum einschließlich Spielsucht.

Bei Personen mit einer hohen Selbstwertschätzung muss man mindestens zwei Varianten unterscheiden:

Personen mit einer relativ ***stabilen hohen*** Selbstwertschätzung haben positive und sichere Selbstbilder und empfinden es als selbstverständlich, dass sie es wert sind, trotz aller Schwächen und Fehler geliebt zu werden. Ihre Selbstwertschätzung beruht auf einer adäquaten Selbstwahrnehmung, einer realistischen Erfolgs- und Misserfolgsverarbeitung sowie auf einer eher rationalen Konfliktverarbeitung. Letzteres ist möglich, weil es keinen grundsätzlichen Selbstzweifel gibt. Selbstwertbelastende Situationen (Kritik, Misserfolge) können deshalb intern, zum Beispiel durch Besinnung auf persönliche Werthaltungen, und unabhängiger von äußeren Einflüssen und Unterstützung reguliert werden. Sie weisen im Alltagsleben geringe Schwankungen in der Selbstwertschätzung auf und betreiben wenig Energieaufwand für Selbstdarstellung. Grundlage für eine hohe Stabilität der Selbstwertschätzung sind also realistische Standards und Einstellungen, eine grundsätzliche Selbstbejahung und Selbstachtung sowie Kompetenzerfahrung. Stabile hohe Selbstwertschätzung korreliert mit Faktoren des allgemeinen Wohlbefindens, mit Lebenszufriedenheit und Zielorientiertheit, mit Identitätsgefühl und sozialer Kompetenz (Selbstwirksamkeit), mit sozialer Zugehörigkeit, emotionaler Ausgeglichenheit und Stabilität.

Personen mit einer ***labilen hohen*** Selbstwertschätzung sind, obwohl ihre Selbstwertschätzung hoch ausgeprägt ist, von äußeren Ereignissen abhängiger. Ihre emotionale Verfassung unterliegt deutlichen Schwankungen je nach Erfolg und Misserfolg oder sozialer Ankerkennung. Sie betreiben viel Aufwand mit der Selbstdarstellung und unternehmen große Anstrengungen, sich bei Kritik und Fehlschlägen zu rechtfertigen und zu verteidigen. Die Verarbeitung erfolgt also eher emotional mit Neigung zu Ärger und Feindseligkeit, Ängstlichkeit und Depressivität. Meist sind sie ein Opfer ihres eigenen (hohen) Anspruchsniveaus an sich selbst und an die Mitwelt. Im äußersten Falle des pathologischen, krankhaften Narzissmus weisen diese Personen eine egozentrisch überhöhte, „aufgeblähte“ oder „aufgeblasene“ Selbstaufwertschätzung auf: Sie neigen zu Selbstgefälligkeit und Selbstüberschätzung (Größenfantasien, Grandiosität) bezüglich ihrer eigenen Person und betreiben nahezu ständig Selbstaufwertung mittels Abwertung anderer. Sie haben ein übersteigertes Bedürfnis nach Bewunderung und leben quasi nach dem Motto: „Nur wer mich bewundert, darf mir nahe sein“, oder „wer mich nicht bewundert, den verachte (vernichte) ich“. Dementsprechend können tatsächliche oder vermeintliche Nichtbeachtung oder kleinste Missachtungen (Kritik, Zurückweisung) massive emotionale Kälte, aggressive, feindselige und andere beziehungsdestruktive Reaktionen zur Folge haben. In zwischenmenschlichen Beziehungen zeigen sie kaum Einfühlungsvermögen und ein dominantes, manipulatives bis ausbeuterisches Interaktionsverhalten. Im Grunde handelt es sich bei diesen Personen um eine fragile („brüchige“) Selbstidealisierung als Kompensation eines verborgenen Minderwertig- und Nichtigkeitsgefühls. Hinter einer vermeintlich positiven Selbstwertschätzung sind also massive unbewusste Selbstzweifel, Selbstablehnung oder gar Selbstverachtung verborgen.

Wie stabilisiert man nun seine Selbstwertschätzung? Meines Erachtens hat die Selbstwertschätzung vier Säulen (vergleiche hierzu auch: André & Lelord 2008, Potreck-Rose & Jacob 2007):

1. ***Selbstbejahung*** im Sinne einer vorbehaltlosen Bejahung der eigenen Person, sich anzunehmen auch in dem, was unannehmbar erscheint (Tillich). Dies beinhaltet auch die Bejahung des bisherigen eigenen Lebens („trotz alledem“) und die Bereitschaft, das Wagnis „Leben“ einzugehen, d.h. eine angemessene Risikobereitschaft und Misserfolgstoleranz zu entwickeln sowie die Möglichkeit des Scheiterns akzeptieren zu lernen.

2. ***Selbstaufmerksamkeit*** im Sinne von Achtsamkeit: Dies meint eine Grundhaltung größtmöglicher positiv gefärbter, wohlwollender und freundlicher, liebevoller und dankbarer Aufmerksamkeit für sich selbst in Bezug auf alle gegenwärtigen Erfahrungen.[5] Dies beinhaltet auch, aufrichtig und ehrlich zu sich selbst zu sein, anstatt sich zu täuschen und sich etwas vorzumachen, zum Beispiel seine wahren Gefühle zu verleugnen. Dies ist zugleich der eleganteste Weg, sich mit seinem „inneren Kritiker“ auszusöhnen, denn übermäßige Selbstkritik sowie negative Gedanken und demoralisierende Grundannahmen, welche die Selbstbejahung und Wertschätzung der eigenen Person be- oder gar verhindern, sind die Selbstwertkiller par excellence (darüber mehr im letzten Kapitel dieses Buches).

3. ***Selbstfürsorge***: Gemeint ist, das angemessen auszudrücken, was man denkt und fühlt, wünscht und will – dabei aber zu respektieren, was andere denken und fühlen, wünschen und wollen. Aber auch zurückzuweisen, wenn andere mit ihrem Denken, Fühlen und Wollen unsere Grenzen nicht respektieren und überschreiten (Selbstbehauptung). Und schließlich beinhaltet Selbstfürsorge, sein Wohlbefinden selbst in die Hand zu nehmen, zum Beispiel, indem man sich die Zeit für die in diesem Buch vorgeschlagenen Übungen nimmt. ***Selbstbetätigung*** ist die beste Quelle von ***Selbstbestätigung***!

---

5 Forschungen zeigen, dass bei erhöhter Selbstaufmerksamkeit (Achtsamkeit) sich die Übereinstimmung zwischen Einstellung und Verhalten erhöht: Achtet jemand auf das, wie er fühlt und sich verhält, was er sagt und tut, so ist er offenbar eher in der Lage, beides miteinander in Einklang zu bringen (Mummendey 2006, 120). Selbstaufmerksamkeit fördert und unterstützt somit die Selbstregulation (siehe auch Siegel 2007). Es gibt jedoch auch die Gefahr der übermäßigen, krankhaften Selbstaufmerksamkeit und -beobachtung zum Beispiel bei allen körperbezogenen Ängsten (Herzphobie, Errötungsphobie, Hypochondrie) und Katastrophenfantasien.

4. ***Selbstbewusstsein***: Dies betrifft die Fragestellungen „Wie bin ich?“ und „Wer bin ich?“, die ich später unter den Begriffen der Merkmals- und Wesensidentität besprechen werde.

Durch bedingungslose Selbstbejahung, wohlwollende Selbstaufmerksamkeit (Achtsamkeit), Selbstreflexion und Selbstgestaltung (Übung) können wir also ausreichenden Halt in uns finden.

Übungen zur Selbstwertschätzung

Einatmend nehme ich mich in meinem Leib wahr,
ausatmend lächle ich ihm wohlwollend zu.

(VERÄNDERT NACH) TITCH NATH HAN

Oft sind Menschen nicht nur in Unfrieden mit anderen Menschen, sondern auch mit sich selbst. Zwischenmenschlicher Friede ohne inneren Frieden ist ebenso undenkbar wie äußerer Frieden, ohne mit sich selbst in Frieden zu sein (ein Beispiel für das Ineinandergreifen von Außen- und Innenpolitik). Wir können oft uns selbst nicht leiden, nörgeln ständig an uns herum, überhäufen uns mit Selbstvorwürfen. Permanente Unzufriedenheit mit sich selbst schafft Unfrieden mit unseren Mitmenschen: Wir nörgeln dann auch an unseren Mitmenschen ständig herum, überhäufen sie mit Vorwürfen und können sie oft für Banalitäten nicht mehr leiden. Zwischenmenschlicher Frieden setzt also Arbeit an sich selbst voraus, wie sie in den folgenden Übungen beschrieben wird.

Das Grundprinzip der ersten Übung (Ü 10) findet sich in den verschiedensten spirituellen Traditionen wieder: In der buddhistischen Tradition („Metta-Meditation“ im Therevada-Buddhismus) ebenso wie in der taoistischen (Übung des inneren Lächelns) und in der christlichen Tradition („liebe deinen Nächsten wie dich selbst“). Es geht darum, sich selbst und den anderen grundsätzlich zu bejahen. In Bezug auf uns selbst ziehe ich den Begriff der Selbstbejahung dem der Selbstliebe vor, weil der Begriff der Selbstliebe allzu häufig mit narzisstischer Selbstgefälligkeit verwechselt wird. Diese Übung empfiehlt sich gleich im Anschluss an die Übung zur emotionalen Verdauung durchzuführen. Sie ist jedoch auch unabhängig davon durchführbar und wirkungsvoll. Die Übung dient also dazu, eine positive leibhaftige Beziehung zu sich selbst aufzubauen. Wie wichtig das ist, können Sie aus den Ausführungen zu den bisherigen Körperselbstbildern ersehen. Sollten bei der folgenden Übung Gefühle wie Traurigkeit und Enttäuschung, Angst und Ärger, Verletztheit und Verzweiflung angerührt oder aufgewühlt werden, bitte ich Sie, diese zuzulassen und auszudrücken, wenn es stärkere emotionale Reaktionen sind, oder abzuleiten und zu neutralisieren, wenn es nur schwache emotionale Reaktionen, „emotionale Restbestände“ sind, so wie Sie es bei der Übung zur Psycho-Peristaltik kennen gelernt haben.

Ü 10: Sich mit seinem Körper anfreunden

Sitzen Sie wieder aufrecht und legen Sie Ihre Hände locker auf Ihren Oberschenkeln ab. Lassen Sie den Atem durch die Nase kommen und gehen, so wie er eben kommt und geht, möglichst ohne einzugreifen (verbundenes Atmen!). Entspannen Sie Ihre Stirn und haben Sie ein leichtes Lächeln auf den Lippen, wie wenn Sie jemandem, den Sie mögen, wertschätzend, wohlwollend oder liebevoll zulächeln. Die Übung besteht nun darin, dass Sie Ihrem Körper und seinen Organen freundliche und wohlwollende, liebevolle und gütige, wertschätzende und dankbare Aufmerksamkeit schenken. Wir arbeiten uns hierbei von außen nach innen, von der Körperoberfläche zu den inneren Organen vor.

Zum Einstieg in diese Übung…
…beginnen Sie mit den Sinnesorganen: dem Seh- und Hörsinn, dem Geruchs- und Geschmackssinn, den Hautsinnen und dem Muskel- und Bewegungssinn. ***Vergegenwärtigen*** Sie sich zunächst die persönlichen kleinen oder größeren Freuden des Alltags, die Ihnen Ihr Sehsinn beschert, zum Beispiel den Anblick einer wunderschönen Landschaft, einen imposanten Sonnenauf- oder -untergang, einen Sternenhimmel, ein spielendes Kind, ein ästhetisches Kunstwerk, einen erotischen Anblick (finden Sie Ihre persönlichen Motive!) und ***fühlen*** Sie dabei Ihre Augen. Können Sie Ihren weichen und „warmen“ Blick spüren? Vergegenwärtigen Sie sich dann, wie sie einer wundervollen Musik, dem Lachen eines geliebten Menschen, dem Rauschen des Windes oder von Blättern im Wind, dem Plätschern eines Baches lauschen (finden Sie auch hier Ihre persönlichen Motive!) – können Sie fühlen,

wie Ihr Gehör sich dabei entspannt? Vergegenwärtigen Sie sich dann einen für Sie angenehmen Geruch (eines Parfüms, einer Blüte oder Frucht…) und spüren Sie, wie sich dabei Ihre Nasengänge anfühlen. Nach demselben Prinzip verfahren Sie mit dem Geschmackssinn. Gehen Sie dann mit Ihrer Aufmerksamkeit zu Ihrer Haut und vergegenwärtigen Sie sich, welche angenehmen und freudigen Erfahrungen Sie Ihren Hautsinnen verdanken – die wohltuende Wärme der Sonne oder die erfrischende Kühle einer Prise auf der Haut, die zärtliche Berührungsqualität in der Erotik oder wie wohltuend ein kräftiger Händedruck oder eine Umarmung sein kann. Was spüren Sie dabei in den entsprechenden Körper- und Hautregionen? Und schließlich widmen Sie Ihre Aufmerksamkeit Ihrem Muskel- und Bewegungssinn: Vergegenwärtigen Sie sich, welche persönlichen kleinen oder größeren Freuden des Lebens Sie der körperlichen Bewegung verdanken – die wohltuenden Rhythmen des Tanzens, den vitalen Genuss des Wanderns oder Joggens, die eutonisierende Wirkung des Stretchings, wie gut es tut, beim Sport oder bei der körperlichen Arbeit seine Kraft zu fühlen, und so weiter.

Zur Vertiefung dieser Übung…
…wandern Sie dann bitte mit der Aufmerksamkeit nach innen, in Ihren Körper hinein. Es geht jetzt darum, seinen inneren Organen freundliche und wohlwollende, liebevolle und gütige, wertschätzende und dankbare Aufmerksamkeit schenken, wobei Sie sozusagen in die Organe, mit denen Sie arbeiten, hineinlächeln. Sie können dieselben Organe nehmen wie bei der Übung zur emotionalen Verdauung: Herz und Lungen, Leber (mit Gallenblase) und Magen (mit Bauchspeicheldrüse), Nieren und Blase, Dünn- und Dickdarm. Prinzipiell lässt sich diese Übung aber auf alle inneren Organe anwenden, zu denen Sie eine positive Beziehung aufbauen wollen.[6] Verfahren Sie hierbei in folgenden Schritten:

In einem 1. Schritt ***vergegenwärtigen*** Sie sich die Funktion dieses Organs für Ihr tägliches Leben. Dann ***lächeln*** Sie dem Organ „von ganzem Herzen“ wohlwollend und freundlich, liebevoll und gütig zu. Lassen Sie das betreffende Organ von wohlwollender Wertschätzung und liebevoller Aufmerksamkeit erfüllt und umhüllt sein. ***Fühlen*** Sie, wie das angesprochene Organ oder die Körperregion um dieses Organ darauf reagiert. Abschließend können Sie das betreffende Organ zusätzlich wie folgt innerlich (lautlos) ***ansprechen***: „Hallo… (hier das Organ benennen, mit dem Sie

6 In der psychotherapeutischen Arbeit schlage ich diese Übung auch Menschen vor, die mit ihren äußeren oder inneren Geschlechtsorganen hadern oder diese gar ablehnen.

gerade arbeiten), wie gut, dass es dich gibt" – dabei weiterhin in das Organ hineinlächeln – „ich schenke dir freundliche (wohlwollende, liebevolle) Aufmerksamkeit, so, wie es dir gebührt, in Dankbarkeit dafür, dass du ganz selbstverständlich tagaus, tagein der Erfüllung meines Lebens dienst."

Nehmen Sie sich dann genug Zeit nachzuspüren, wie Sie sich dabei fühlen, und beenden Sie diese Übung mit einem ausgiebigen, genüsslichen Dehnen und Räkeln.

Ü 11: Strahlendes Herz – weit und weich

Sitzen Sie wieder aufrecht und legen Sie Ihre Hände locker auf Ihren Oberschenkeln ab, wobei die Handteller dieses Mal nach oben gekehrt und entspannt geöffnet sind. Dies ist eine Gebärde der Offenheit sowohl im Hinblick auf Empfangen als auch im Hinblick auf Geben. Lassen Sie den Atem durch die Nase kommen und gehen, so wie er eben kommt und geht, möglichst ohne einzugreifen (verbundenes Atmen!). Entspannen Sie die Stirn und haben Sie auf den Lippen ein leichtes Lächeln; lächeln Sie wohlwollend und liebevoll in sich hinein, so, wie Sie es bei der vorherigen Übung kennen gelernt haben.

Sammeln Sie Ihre Aufmerksamkeit im „Lotus des Herzens" etwa im unteren Drittel des Brustbeins hinter demselben mitten im Brustkorb. ***Vergegenwärtigen*** Sie sich dort einen Ort oder eine Quelle von Freundlichkeit und Liebe, von Wohlwollen und Güte, von Offenheit und Dankbarkeit, von Wertschätzung und Achtung, von Herzlichkeit und Einfühlung. Sie können sich diese Qualitäten durch ***Fühlen*** oder durch ***Visualisierung*** vergegenwärtigen, letzteres zum Beispiel in der Art eines weichen und warmen Lichts. Was die Farbe dieses Lichts betrifft, so haben spontane Farbvisualisierungen Vorrang vor eventuellen Vorgaben, die Sie vielleicht irgendwo einmal gelesen haben! Lassen Sie dieses Gefühl/Licht in alle Richtungen des (Brust- und Körper-) Raumes ausstrahlen, ihn erfüllen, erwärmen und ausleuchten. Von der Strahlungsquelle selbst brauchen Sie sich kein konkretes Bild zu machen, es kommt eher auf die Qualität der Ausstrahlung an. Fühlen Sie, wie ihr Herzraum im Einatem ***ganz weit***, im Ausatem ***ganz weich*** wird. Sie können unterstützend diese Formel verwenden, machen Sie aber keine Atemübung, sondern lassen Sie Ihren Atem kommen und gehen, wie er eben kommt und geht. Fühlen Sie, wie Ihr Atem diesen Ort oder diese Quelle von lichtvoller Liebe nährt und beseelt.

Wenn diese ungegenständliche Visualisierung schwerfällt, können Sie sich auch eine Licht reflektierende und deshalb in alle Richtungen des (Brust-/Körper-)Raumes Licht ausstrahlende Kristallkugel vorstellen. Hierbei kommt es aber – anders als bei der Zentrierung im Unterbauch – nicht auf das Bild der Kugel und nicht auf die kugelige Erfahrungsqualität an (die ist eher kennzeichnend für die Zentrierung im Hara), sondern auf die Erfahrungsqualität von Ausstrahlung – eben ein „strahlendes Herz". Eine weitere Alternative wäre, eine wunderschöne Blume zu visualisieren, deren Blüte sich nach allen Seiten hin öffnet. Stellen Sie sich vor, dass diese Blume unter Ihrem Atem aufblüht, also von diesem genährt und beseelt wird. Warten Sie, bis Sie auf diese Weise eine gewisse „Aufweichung", Belebung und Kon***zentrierung*** in dieser Region wahrnehmen können, um dann zu der eher ungegenständlichen Übungsform zurückzukehren.

Abschließend vergegenwärtigen Sie sich als Ganzes so, wie Sie jetzt dasitzen, und lächeln Sie sich selbst wohlwollend und liebevoll zu. Visualisieren und fühlen Sie sich von lichtvoller Liebe, von Wohlwollen und Güte, von Offenheit und Dankbarkeit, von Wertschätzung und Achtung, von Herzlichkeit und Einfühlung ***erfüllt und umhüllt***. Versuchen Sie mit all Ihrer Aufmerksamkeit eine Zeitlang dabei zu verweilen und dem nachzuspüren.

Die Abb. 19 (Farbtafeln) ist der Versuch einer Patientin, die Erfahrung des strahlenden Herzens in einem Körperselbstbild zu veranschaulichen. Dieses Bild deutet auch an, dass diese Herzlichkeit den ganzen Leib durchzieht, mit einem tänzerischen, melodischen Daseinsgefühl verbunden und du-bezogen ist (man beachte die Hand, die in das Bild hineinreicht).

Mitten im Herz-Atem-Raum also finden wir den Tempel der Liebe, das Zentrum des bezogenen Selbstgefühls. Achten Sie bei allen Schritten dieser Meditation auf Ihre Empfindungen im gesamten Brustraum: Können Sie spüren, wie diese Übung Sie in die Tiefe und zugleich Weite Ihres „Herzens" führt? Jetzt können Sie wahrscheinlich nachvollziehen, was mit der Zentrierung und Versenkung im Tempel der Liebe gemeint ist. Achten Sie auch auf die spezifischen Empfindungsqualitäten und Wirkungen dieser Zentrierung im Unterschied zur Zentrierung im Hara, dem Tempel des Lebens.

Die folgende Übung baut auf der Übung „Stehen wie ein Baum" auf und erweitert sie um die Aspekte der Zentrierung im Tempel der Liebe und der Selbstakzeptanz:

Ü 12: Ins Herz schließen

Wir greifen jetzt noch einmal die Übung mit dem Baum auf. Dieses Mal ist es nicht nötig, dass Sie dafür hinaus in die Natur oder in einen Wald gehen. Ich erinnere jedoch noch einmal daran, dass es kein schöner Baum sein muss, den Sie visualisieren – im Gegenteil, ein knorriger und krummer, optisch nicht so schöner Baum ist auch für diese Übung eine größere Herausforderung.

Stehen Sie wieder aufrecht im Reiterstand. Vergegenwärtigen Sie sich Ihr Körperlot und lassen Sie Ihren Atem kommen und gehen, wie er kommt und geht, möglichst ohne einzugreifen. Wandern Sie nun mit Ihrem Vorstellungs- und Empfindungsvermögen in Verbindung mit Ihrem Atemzyklus, wie bei der Übung „Stehen wie ein Baum" beschrieben, durch Ihren Körper:

- Im nächsten Ausatem vom Becken abwärts durch die Beine zum Boden hin sich sinken lassen;
- im nächsten Einatem aus dem Becken heraus entlang des Körperlotes zum Scheitelpunkt hin sich wachsen lassen;
- mit Beginn des nächsten Ausatems in den Schultern sich loslassen und
- gegen Ende dieses Ausatems in der Beckenschale sich niederlassen;
- im nächsten Einatem mit der Aufmerksamkeit im Bauch-Becken-Raum verweilen;
- mit dem nächsten Ausatem beginnt der Zyklus wieder von vorne...

Nach ein paar Durchläufen heben Sie langsam Ihre Arme nach vorne oben etwa bis in Schulterhöhe und formen Ihre Arme rund, wie wenn Sie den imaginären Baum umarmen. Die Fingerspitzen zeigen hierbei zueinander, ohne sich zu berühren, und die Handflächen weisen zum Rumpf (Abb. 20a). Dabei in den Schultern sich loslassen und auch die Ellbogen etwas sinken lassen. Zentrieren Sie sich in Ihrem Herzzentrum, in dem Ort und der Quelle von Freundlichkeit und Liebe, Wohlwollen und Güte, Offenheit und Dankbarkeit, Wertschätzung und Achtung, Herzlichkeit und Einfühlung. Stellen Sie sich vor, dass Ihr Atem diesen Ort und diese Quelle von Liebe nährt (verbundenes Atmen). Warten Sie, bis Ihr Herzraum sich „weit und weich" anfühlt. Dabei sich immer wieder einmal in den Schultern loslassen und in der Beckenschale niederlassen. Dann lassen Sie spürbar einen Strom von Liebe und Wärme durch Ihre Arme fließen, wie wenn Sie diesen imaginären Baum in Liebe umarmen, ihn in Ihr Herz schließen. Da ja aber Sie selbst dieser Baum sind (siehe die Übung „Stehen wie ein Baum“), den Sie da liebevoll und wohlwollend umarmen, geht es also darum, sich selbst zu umarmen und ins Herz zu schließen.

Was bewirkt die Vorstellung, sich selbst zu umarmen und ins Herz zu schließen (Abb. 20b)? Wie fühlt sich das an? Vor allem dann, wenn Sie sich eine Ihrer unliebsamen Seiten vergegenwärtigen, also ein Charakter- oder Verhaltensmerkmal, das Sie immer wieder veranlasst, an sich herumzukritisieren und zu nörgeln, mit sich zu hadern, wofür Sie sich gar nicht mögen, vielleicht sogar ablehnen, zumindest aber in Unfrieden (unzufrieden) damit sind. Wie verändert sich dadurch Ihre Befindlichkeit? Vielleicht kommt ein Gefühl von Traurigkeit darüber auf, wie wenig man sich selbst üblicherweise ins Herz schließt. Vielleicht rühren sich aber auch die Gegenkräfte, Ihre Ambivalenz so stark, dass Sie darüber ins Wanken kommen – psychisch wie physisch; dann versuchen Sie, zu sich selbst zu stehen, indem Sie zunächst zu der Übung „Stehen wie ein Baum“ zurückkehren und dann erneut versuchen, sich im Tempel der Liebe zu zentrieren und von dort ausgehend sich auch mit dieser unliebsamen Seite zu umarmen und ins Herz zu schließen. Lassen Sie sich Zeit, um vielleicht doch zu einer Aussöhnung mit sich zu kommen.

Abb. 20a

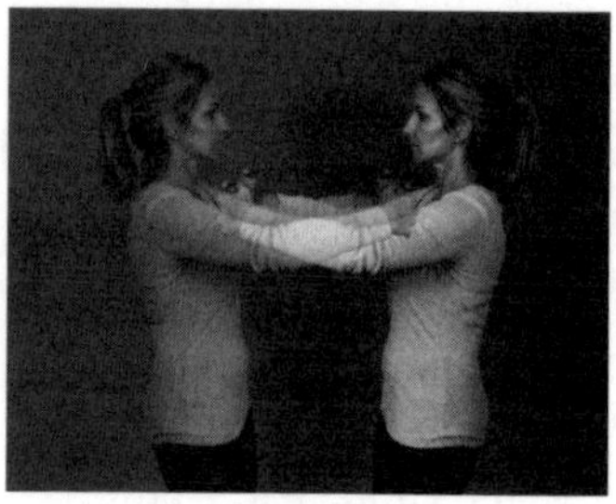

Abb. 20b

Eine Variante und Ergänzung dieser Übung zur Selbstbejahung ist die folgende Spiegelübung:

Stehen Sie wieder im Reiterstand, dieses Mal vor einem Spiegel, auf dem Sie sich als Ganzes oder zumindest den Oberkörper und vor allem Ihr Gesicht sehen können.

Schließen Sie zunächst die Augen und wandern Sie mit Ihrem Vorstellungs- und Empfindungsvermögen in Verbindung mit Ihrem Atemzyklus durch Ihren Körper (Übung „Stehen wie ein Baum“). Dann heben und formen Sie Ihre Arme, wie wenn Sie diesen imaginären Baum umarmen, zentrieren Sie sich im Tempel der Liebe und lassen Sie spürbar einen Strom von Liebe und Wärme durch Ihre Arme fließen. Stellen Sie sich vor, dass Ihr Atem diese Quelle von Liebe nährt (verbundenes Atmen), und warten Sie, bis sich Ihr Herzraum „weit und weich“ anfühlt. Dabei sich immer wieder einmal in den Schultern loslassen und in der Beckenschale niederlassen.

Da es aber darum geht, sich selbst zu umarmen und ins Herz zu schließen, öffnen Sie jetzt bitte die Augen und schauen Sie sich selbst im Spiegel an. ***Lächeln*** Sie sich, Ihrem Spiegelbild freundlich und wohlwollend zu – ja mehr noch, versuchen Sie sich liebevoll und gütig, offen und herzlich, wertschätzend und achtungsvoll ***anzuschauen***. Wie ist das für Sie? ***Fühlen*** Sie sich von sich selbst gemeint? Oder weichen Sie aus? – das merken Sie daran, dass sich der Blick oder die Mimik (das Lächeln) verändern oder dass Sie gedanklich abschweifen, irritiert sind oder mit Ihrem Körper- und Selbstgefühl „wegdriften“, sodass Sie sich nicht mehr spüren? Falls ja, holen Sie sich freundlich und wohlwollend wieder zurück zu sich selbst, schauen Sie sich im Spiegel an und sagen Sie dann zu sich: „Hallo … (Ihr Name), wie gut, dass es dich gibt – ich liebe, achte und ehre dich, so, wie es dir gebührt.“

Wie ist das? Auch hier gilt: Wenn Widerstand, Traurigkeit, Ambivalenz oder sonstige emotionale Reaktionen erfolgen, versuchen Sie bei sich zu bleiben und dazu zu stehen („wie ein Baum“).

Zum Schluss können Sie die Augen noch einmal schließen und sich als Ganzes, so, wie Sie jetzt dastehen, von lichtvoller Liebe erfüllt und umhüllt visualisieren und alledem nachspüren.

Bezogenes Selbstgefühl impliziert sowohl Selbstbejahung, die Bejahung des anderen als auch die Erfahrung des Bejahtseins durch andere, also die gegenseitige Bejahung in einer Ich-Du-Beziehung. In einem weiteren Schritt erweitern wir deshalb diese Übung um einen „anderen“, den wir umarmen und ins Herz schließen.

Diese Übung knüpft an die vorherigen an; anstelle des Baums oder sich selbst stellen Sie sich jemanden vor, den Sie herzlich umarmen könnten oder möchten. Im einfachsten Falle ist das eine Person, der Sie sowieso wohlgesonnen, freundschaftlich oder liebevoll verbunden sind. Wenn eine solche Person gerade verfügbar und bereit ist, mit Ihnen zusammen diese Übung zu probieren, können Sie sich gegenseitig eine Umarmung andeutend gegenüberstehen. Schenken Sie sich ein freundliches Lächeln, einen liebevollen Blick sowie eine wohlwollende, sachte Berührung. ***Visualisieren*** und ***fühlen*** Sie, wie von Ihrem Tempel der Liebe (Herzzentrum) ausgehend ein Strom von Herzlichkeit und Wärme durch Ihren Blick und Ihre Mimik, durch Ihre Arme und Hände, aber auch direkt von Herz zu Herz ausstrahlt und den anderen umhüllt – und dass Sie dasselbe vom anderen geschenkt bekommen und empfangen dürfen. Sie können sich gegenseitig auch den Satz sagen: „Meine Liebe umhüllt dich, deine Liebe erfüllt mich."

Anders ist es, in der Vorstellung eine Person zu wählen, die für Sie einige unliebsame Charakter- oder Verhaltensmerkmale aufweist, an denen Sie sich immer wieder stoßen. Oder eine Person, mit der für Sie emotional irgendetwas unerledigt ist, von der Sie enttäuscht oder verletzt oder verlassen worden sind. Wie ist die Vorstellung, so eine Person zu umarmen? Oder auch nur die Arme und Hände einladend zu öffnen? Können Sie Ihren Herzraum dabei weit, warm und weich werden lassen? Vielleicht kommen alte, eben jene unerledigten Gefühle hoch – Ärger, Wut, Groll, Ressentiments, Vorwürfe, Verachtung, Angst, Niedergeschlagenheit, Resignation, Eifersucht, Neid, Feindseligkeit, Macht- oder Ohnmachtgefühl, Scham, Schuldgefühl, (emotionaler) Schmerz, Misstrauen, (verletzter) Stolz, Minderwertigkeitsgefühl, Verbitterung… – vielleicht aber auch ein Gefühl von Wohlwollen und Offenheit, von Wertschätzung und Achtung, von Herzlichkeit und Wärme, von Verständnis und Mitgefühl, von Aussöhnung oder Verzeihen. Vielleicht sind Sie auch ambivalent, das heißt, es rühren sich gegensätzliche und widersprüchliche Gefühle und Sie kommen ins Wanken. Dann versuchen Sie, zu sich selbst zu stehen, das heißt, zu Ihren widersprüchlichen Gefühlen zu stehen! Das schließt nicht aus, sich im Tempel der Liebe zu zentrieren und von dort ausgehend mit dieser Person wohlwollend und sie achtend in Kontakt zu bleiben; wir müssen sie ja nicht gleich heiraten (falls wir nicht schon verheiratet sind). Lassen Sie sich Zeit, um vielleicht doch zu einer Aussöhnung mit ihr zu kommen. Sagen Sie zu der vorgestellten oder, wenn Sie zu zweit üben, zu der anderen Person: „Hallo … (Name der anderen Person), wie gut, dass es dich gibt" – dabei sie freundlich und wohlwollend, liebevoll und gütig anschauen und anlächeln – „ich liebe, achte und ehre dich, so wie es dir gebührt." Dabei können Sie beide, sich selbst und die andere Person, von lichtvoller Liebe ***erfüllt*** und ***sich gegenseitig umhüllend*** visualisieren.

Ü 13: Innerer Frieden

Die folgende Übung ist eine Variation der Zentrierung im Tempel der Liebe unter dem Aspekt des „inneren Friedens" und zugleich eine Vorbereitung auf die Thematik und Übungen des nächsten Kapitels.

Visualisieren Sie sich bitte den Tempel der Liebe als einen Raum von unendlichem Frieden. Lassen Sie Erinnerungsbilder aus Ihrem Leben von einem friedvollen Ort oder von einer friedvollen Situation aufsteigen, wo Sie sich vertrauensvoll öffnen, sich niederlassen und mit sich selbst in Einklang und Frieden fühlten – zum Beispiel eine friedvolle Landschaft, eine friedvolle Morgen- oder Abendstimmung, eine vertrauens- und friedvolle Atmosphäre mit einem Mitmenschen. Alle Menschen haben eine solche Erfahrung in ihrem Leben gemacht, und sei es auch nur sporadisch und flüchtig, sodass sie Ihnen vielleicht nicht gleich einfällt. Lassen Sie sich Zeit. Erinnern Sie sich an möglichst viele Einzelheiten, ***vergegenwärtigen*** Sie sich die Stimmung oder Atmosphäre dieses Ortes oder dieser Situation. Verweilen Sie dabei mit all Ihrer Aufmerksamkeit so lange, wie es Ihnen möglich ist, jedoch ohne diesen Zustand fixieren, festhalten zu wollen. Beachten Sie, wie auch Ihr Atem und Herzschlag immer ruhiger, „friedlicher" und gelassener werden, je mehr Sie in einen Zustand von innerem Frieden kommen. Je vertrauter Ihnen dieser Zustand wird, was eine Sache von Übung ist, umso eher können Sie mit der Zeit auch ungegenständlich, also ohne diese Vorstellungs- und Erinnerungsbilder sich diesen friedvollen inneren Ort und Zustand vergegenwärtigen. Diese Vertrautheit im Sinne von relativ selbstverständlicher Verfügbarkeit oder Zugänglichkeit der Erfahrungsqualität ist erforderlich, wenn Sie statt mit Visualisierung in der Art eines Mantras mit dem Wort „Frieden" (oder vergleichbaren anderen Wörtern wie zum Beispiel „Liebe") arbeiten möchten. Dazu mehr am Ende des nächstens Kapitels.

Es folgt der Traum einer Patientin, die in ihrer Kindheit und Jugend hinsichtlich ihres Bedürfnisses nach emotionaler Zuwendung häufig versetzt oder verletzt worden war („Stich ins Herz", „gebrochenes Herz"). Sie hatte während der Therapie folgenden Traum (Ausschnitt):

> Ich befinde mich im Haus meiner Eltern und bin circa zwölf Jahre alt. Einen Schritt von mir entfernt steht ein Mann. Er ist mir zugewandt. Plötzlich durchstößt er mit einem großen metallenen Gegenstand mit einer gezielten, kraftvollen Bewegung meinen Brustkorb. Sicher und schnell zieht er den Pfahl wieder aus mir heraus. Ich schaue zu meiner Brust hinunter: ein großes Loch klafft, ich kann hindurchschauen. Dieser „Durchblick" kommt mir bekannt vor, er ist begleitet von einem sehr angenehmen und weiten, schmerzlosen und geborgenen Gefühl. Durch das Loch mitten in meiner Brust sehe ich eine grenzenlose, steppenartige Landschaft, über die ein sanfter, warmer Wind geht, und ich spüre eine Sehnsucht in mir, ganz dort zu sein… (Patientin weint beim Erzählen)

Dieser Traum ist recht vielschichtig, und es ist hier nicht der Ort, auf alle Aspekte einzugehen. Ich möchte lediglich darauf aufmerksam machen, dass dieser Zustand nach dem „Stich ins Herz" der Patientin vertraut war. Sie hatte nämlich tatsächlich irgendwann einmal entdeckt, dass, wenn sie bei einem „Stich ins Herz" den Schmerz zuließ und sozusagen durch den Schmerz hindurchging, sie den Schmerz nicht mehr spürte; stattdessen war sie an einen inneren Ort gelangt, der sich grenzenlos weit und weich (sanft), warm und wehend (luftig leicht) anfühlte – ein Ort des Geborgenseins und des absoluten Friedens! Die Sehnsucht nach diesem inneren Ort – „ganz dort zu sein" – hat die Patientin unterschwellig das ganze Erwachsenenleben bis heute begleitet. Wir können hieraus unschwer die Merkmale eines inneren Ortes der Geborgenheit und des Friedens, der Zentrierung im Tempel der Liebe erkennen.

Selbstbewusstsein – vom Selbstbild zum Selbstsein

All I can do is be me – whoever that is.

Bob Dylan

Wenn du stirbst und an der Himmelspforte Einlass begehrst, wird man dich nicht fragen,
warum du nicht wie Jesus, Buddha oder Mohammed gewesen bist –
man wird dich fragen, warum du nicht du selbst gewesen bist!

nach einer chassidischen Geschichte

Das in reflexiver Sinnlichkeit gegründete, also auf Selbstwahrnehmung beruhende Selbstgefühl bildet die Voraussetzung für die mentale Selbstreflexivität, ein wesentliches Merkmal des spezifisch menschlichen Selbstbewusstseins. Selbstreflexivität ist die Fähigkeit, sozusagen mit Abstand zu sich selbst sich und die eigenen Verhältnisse, seine Bedingungen und Möglichkeiten zu betrachten und darüber nachzudenken, von sich selbst wissend sich eine Vorstellung von sich zu machen, sich zu erkennen und damit sich seiner selbst bewusst zu werden (siehe Schmid 1998). In der Selbstreflexivität werden Vergangenheit und innerlich vorweggenommene Zukunft zusammen mit dem Hier und Jetzt in einer umfassenden Perspektive erfasst und der Organismus an einem bestimmten Punkt in der individuellen historischen Zeit verortet. So entsteht eine Vorstellung von sich selbst und ein Konzept über sich selbst – ein so genanntes Selbstbild oder Selbstkonzept. Diese komplexe Form des Selbstsinnes wird häufig das „autobiografische" oder „narrative" Selbst genannt: „Narrativ" heißt so viel wie erzählend oder erzählt (berichtet). Erst im mental reflektierenden Selbstbezug vermag man über sich Auskunft zu geben, einen Selbstbericht abzugeben. Ein narrativer Selbstbezug impliziert ein Gedächtnis, das Erinnerungen an die eigene Vergangenheit einer Person aufbewahrt und verarbeitet. Andererseits setzt der Akt des Erinnerns einer persönlichen Vergangenheit bereits einen erfühlten Selbstsinn (***felt sense of self***) voraus. Dazu kommt noch ein Bewusstsein der prinzipiellen Autonomie, das heißt der

- ***Selbstständigkeit*** im Sinne einer relativen mentalen und emotionalen Unabhängigkeit – im Denken, Fühlen und Handeln einen „Stand" (***Halt***) in sich selbst zu haben, anstatt sich nur an das Denken, Fühlen und Handeln anderer zu halten;

- ***Selbstbestimmung*** im Sinne der Freiheit, bewusst zwischen Zielen und Handlungsmöglichkeiten wählen und entscheiden zu können und diese Freiheit auch zu nutzen;

- ***Selbstverantwortung*** im Sinne der Bereitschaft, die Verantwortung für seine Entscheidungen und Handlungen, letztlich für seine Selbst- und Lebensgestaltung zu übernehmen.

Wir haben es also im Selbstbewusstsein des Menschen mit einem „eigentümlichen Schwebezustand" zwischen Distanzierung von mir und Identifizierung mit mir zu tun, so der Philosoph Gernot Böhme (1994). Ohne die Fähigkeit der Selbstbeobachtung und Selbstdistanzierung ist keine Reflexion und Klärung persönlicher Bedingungen und Probleme möglich – zum Beispiel sich darüber im Klaren zu werden, dass Gefühle nicht „an und für sich gegeben sind", sondern mehr oder weniger durch bestimmte Einschätzungen und Bewertungen, Interpretationen und Beurteilungen von Schlüsselreizen und Situationen im Hinblick auf eigene (!) Motive, Ziele und Anliegen ausgelöst werden (siehe Holodynski 2006). Das Problem hierbei ist, dass diese Prozesse nicht immer bewusst sein müssen. Das lässt sich wiederum an unserem Beispiel des angemessenen Umgangs mit Ärger aufzeigen. Wie Forschungen zeigen, neigen die Menschen dazu, den Ausdruck von aggressiven Gefühlen anderer als unangemessener einzuschätzen als den eigenen, sogar wenn sie selbst die aggressive Situation initiiert haben! Die gängige Rechtfertigung, „weil der andere…, deswegen kann ich nicht anders, als mich zu ärgern", verlagert darüber hinaus die Verantwortung für meine emotionale Reaktion ausschließlich auf den anderen. Aber was ist der wahre Grund für meinen Ärger? Andere Menschen verursachen meist unseren Ärger nicht, sie lösen ihn nur aus! Dass wir durch Einschätzungs- und Beurteilungsprozesse, die durch eigene Motive geleitet sind, selbst mit dazu beitragen, dass Ärger, Wut und Hass entstehen, wird meist nicht reflektiert. Eine Eskalation ist damit vorprogrammiert. Dies verlangt, mehr Selbstreflexion in unser Motivations- und Gefühlsleben zu bringen, um den Einstieg in aggressive Gefühle zu entautomatisieren, um nicht vom Sog derartiger Gefühle erfasst zu werden und sich darin zu verlieren. Selbstreflexionsfähigkeit ist demnach eine weitere geeignete Maßnahme, die Selbstregulation zu unterstützen.

Die Situationseinschätzung und Beziehungsdeutung wird wesentlich von unserem Selbstkonzept und Selbstwertgefühl mitbestimmt. Forschungen zeigen, dass ein labiles Selbstwertgefühl die wahrscheinlichste Voraussetzung für ärgerliche Aggression ist: Personen mit einem labilen Selbstwertgefühl zeigen die stärksten Tendenzen zu Ärger, Personen mit einem stabilem Selbstwertgefühl neigen am wenigsten zu Ärger (Kernis 1989). Die Begriffe Stabilität und Labilität verweisen darauf, dass es hierbei also nicht so sehr darauf ankommt, wie hoch oder niedrig das Selbstwertgefühl im Vergleich zu anderen rangiert, sondern vielmehr darauf, wie viel psychische Energie jemand braucht, um es permanent auf dem einmal erreichten Niveau zu halten und in einem Störungsfall wieder auf ein stabiles Niveau herabzuregulieren (vergleichbar der Schwierigkeit des erwähnten Persönlichkeitstypus, seinen Blutdruck wieder herabzuregulieren). Eine Labilität des Selbstwertgefühls kann eine vorübergehende Unsicherheit, eine überdauernde psychische Konstellation (Minderwertigkeitskomplex) oder ein „aufgeblasener" Selbstwert sein (Egozentrismus, Eitelkeit, Selbstgefälligkeit, neurotischer Stolz, Narzissmus). Je größer und aufgeblasener unser Ego ist, um so empfindlicher ist es für tatsächliche oder vermeintliche Bedrohungen (Baumeister 1996; Bushman & Baumeister 1998). Die Tatsache, dass wir uns gekränkt fühlen, insbesondere wie leicht und schnell wir uns gekränkt fühlen, hat also meist mehr mit uns zu tun als mit der Kränkungstat (siehe auch Wardetzki 2000). Weitere aggressionsrelevante Persönlichkeitszüge sind die bereits erwähnten Merkmale Feindseligkeit und Machtstreben sowie die allgemeine Erregbarkeit und Impulsivitätsneigung einer Person (siehe Geen 2001), was noch einmal auf die notwendige Fähigkeit der Herabregulierung von psychophysiologischer und affektiver Erregung als Selbstregulationsmaßnahme verweist.

Diese Reflexion bezüglich der aktuellen und historischen Bedingungen, bezüglich der eigenen Psychodynamik und Persönlichkeitsstruktur, bezüglich unserer handlungsleitenden Motive (Ziele, Anliegen) und Affekte ist zwar die Domäne der psychotherapeutischen und anderer Konfliktbewältigungsverfahren, ist aber ein Stück weit von jedem von uns im Alltagsleben zu leisten, der in einen Konflikt involviert ist. Neben der Selbstreflexion ist auch die Zentrierung eine gute Maßnahme, sich etwas von der affektiv besetzten eigenen Psychodynamik zu distanzieren und nicht vollständig damit identifiziert zu sein, und zwar vor oder jenseits jeglicher Reflexion darüber, weshalb ich jetzt ärgerlich oder gekränkt, ängstlich oder verunsichert bin. Wenn die Maßnahmen der Selbstberuhigung und der Selbstakzeptanz, der Selbstreflexion und der Zentrierung Hand in Hand gehen, gibt es gute Chancen dafür, in

Stress- oder Konfliktsituationen alternative Einschätzungen und Gefühlszustände zu generieren als Voraussetzung für alternative Handlungsmöglichkeiten.

Just be yourself

Das eigene Selbst ist gut versteckt;
von allen Goldminen ist die eigene die letzte, die man ausgräbt.

Friedrich Nietzsche

Ich bin. Aber ich habe mich nicht.
Also werden wir erst.

Ernst Bloch

Aufgrund der Fähigkeit, Abstand zu sich einzunehmen, sind wir auch imstande, uns selbst zu überwachen und zu beherrschen und zu kontrollieren, eine Rolle zu spielen und sich selbst darzustellen, ein Gesicht zu zeigen und eine Maske (lateinisch „persona") zu tragen – im Gegensatz zu der Aufforderung „Just be yourself", die ich neulich auf einem T-Shirt gelesen habe: „Sei einfach du selbst". Es gibt also die Möglichkeit der Einschränkung oder Verfälschung unseres Selbstgefühls im Sinne des Gegensatzes von Sein und Schein: Jemand kann autonom und authentisch, selbstständig und wahrhaftig („echt") sein, oder eben nicht, abhängig und „falsch" im Sinne von unauthentisch, „unecht" sein und anders erscheinen (wollen) und sich anders geben, als man in Wirklichkeit, in Wahrheit ist. Wenn wir einmal von der mitschwingenden Wertung absehen, so zeigt sich darin zumindest Folgendes:

Jeder Mensch hat Ansichten über sich und ein Bild von sich. Das Spektrum dieser Ansichten reicht von einfachen und oberflächlichen, unter Umständen klischeehaften und stereotypen, mehr affektiv bestimmten und außengeleiteten Meinungen über sich selbst mit wenig Selbstreflexion, über komplexere, facetten- und nuancenreiche, mehr oder weniger reflektierte selbstbezogene Einstellungen und Konzepte bis hin zu einem aus tiefgehenden Lebenserfahrungen und Selbstreflexionen resultierenden Selbstbewusstsein. Das Wort „Ansichten" verweist schon darauf, dass es mehrere Perspektiven oder Blickwinkel gibt, aus denen der Mensch sich selbst betrachten kann. Unterscheiden wir der Einfachheit halber eine Außenansicht von einer Innensicht. Die Außenansicht ist, wie der Begriff schon sagt, außengeleitet in dem Sinne, als sie von der Frage geleitet wird: Wie sehen mich die anderen? Wie wirke ich auf andere? Welches Bild haben die anderen von mir? Diese Perspektive des Selbstbildes wählt sozusagen den Umweg über die anderen, über unsere Mitmenschen, deren tatsächliche oder vermeintliche Erwartungen an uns sowie unsere erwarteten oder deren befürchtete Reaktionen auf uns. Daran ist zunächst nichts auszusetzen, denn auf dieser Perspektive beruhen all unsere mehr oder weniger berechtigten Rollenerwartungen an andere und die Rollenerwartungen anderer an uns. Diese Perspektive ist sozusagen die öffentliche, also diejenige, welche die meisten Mitmenschen von uns mitbekommen und auch mitbekommen dürfen.

Daneben gibt es noch eine private, persönliche Ansicht: Wie sehe und erfahre ich mich selbst, relativ unabhängig davon, wie andere mich sehen oder was andere von mir erwarten? Welches Bild habe ich von mir in Anbetracht der Daten über mich selbst, die viele Außenstehende kaum oder gar nicht mitbekommen, zum Beispiel meine wahren Gefühle und Bedürfnisse oder meine geheimen Wünsche und Gedanken? Wer oder wie bin ich im Grunde meines Wesens wirklich? Diese Unterscheidung von Außen- und Innenansicht betrifft also den Gegensatz von öffentlichem und privatem Selbstbild (siehe hierzu das Körperselbstbild der Abb. 21, Farbtafeln). Die Leitfrage hierbei lautet also ***„Wie bin ich?“***: Wie sehe ich mich selbst und wie (vermutlich) die anderen? Gegenstand dieser Frage ist mein Erscheinungsbild. Mehr oder weniger versuchen wir alle, unser privates Selbstbild, unsere Eigen- oder Innenperspektive mit dem vermeintlichen Bild der anderen von uns, der öffentlichen Fremd- oder Außenperspektive abzugleichen. Es geht hierbei um die Zuschreibung von Merkmalen, aufgrund deren ich identifizierbar bin – eine Art umfassender Steckbrief, wenn man so will.

Unterbrechen wir, liebe Leser und Leserinnen, für einen Augenblick unsere theoretischen Ausführungen für eine kurze Besinnungsaufgabe:

Vielleicht wollen Sie sich einmal die Mühe machen, die wichtigsten Merkmale Ihres Selbstbildes herauszufinden? Dann überlegen Sie zunächst, nach welchen Merkmalen Menschen voneinander unterscheidbar und beschreibbar sind. Da ist zunächst einmal eine Reihe körperlicher Merkmale wie solche der Rassenzugehörigkeit, der körperlichen Statur (dick/untersetzt – schlank, hager – athletisch; groß – klein…), des Geschlechts und der geschlechtlichen Attraktivität (Augen- und Haarfarbe,

Körpermaße, Ausprägung sekundärer Geschlechtsmerkmale…). Dann gibt es eine Vielzahl psychosozialer Merkmale, sei es im Leistungsbereich (faul – fleißig, intelligent – dumm…), im zwischenmenschlichen Bereich (gesellig – eigenbrötlerisch, extra-/introvertiert, beliebt – unbeliebt…), im Bereich der Begabungen und Talente (musikalisch, mathematisch, sportlich…), der Emotionalität (gefühlvoll – gefühlskalt, hartherzig – gutmütig…), des Temperaments (sanguinisch, cholerisch, phlegmatisch, melancholisch…). Hinzu kommen soziologische und ökonomische Merkmale (Arbeiter – Akademiker, arm – reich) und so weiter.

Was für ein Mensch sind Sie? Mit welchen Merkmalen würden Sie sich hauptsächlich beschreiben? Welche davon sind eher privater, welche öffentlicher Natur? Wenn Sie möchten, schreiben Sie einen ausführlichen Steckbrief, mit dem Sie sich identifizieren und nach dem Sie auch durch andere, die Sie mehr oder weniger kennen, identifizierbar wären.

Prinzipiell handelt es sich bei der Unterscheidung zwischen Außen- und Innenansicht, zwischen öffentlichem und privatem Selbstbild um zwei sich gegenseitig ergänzende und sich gegenseitig korrektiv regulierende Seiten eines Ganzen. Als Gegensatz stellen sie aber auch ein enormes Konfliktpotential dar, das unser Selbstgefühl massiv beeinträchtigen kann. Das trifft vor allem für jene Menschen zu, die sich ständig mit anderen vergleichen, wobei das Ergebnis ihres Vergleichs im Grunde von vorneherein feststeht: Für die einen fällt es durchwegs negativ aus; der Vergleich dient also lediglich dazu, ihre Selbstzweifel zu nähren im Sinne einer permanenten Selbstabwertung. Für die anderen fällt das Vergleichsurteil durchwegs positiv aus, das heißt, der Vergleich dient lediglich dazu, ihr Selbstwertgefühl zu bestätigen im Sinne einer permanenten Selbstaufwertung. Hinter beiden steht eine Selbstwertproblematik beziehungsweise eine Selbstunsicherheit. Beide Vergleichsurteile beruhen auf tendenziösen Verzerrungen der Wahrnehmung und Beurteilung seiner selbst. So gesehen sind sie unfair; wenn schon vergleichen, dann ***fair***gleichen. Auch wenn der Philosoph Kierkegaard meinte, dass jeder Vergleich das Ende des Glücks und der Anfang der Unzufriedenheit sei, so ist Vergleichen dennoch ein Stück weit notwendig, damit wir Unterschiede und Gemeinsamkeiten zwischen uns und anderen entdecken. Der Mensch bedarf nun mal der Bestätigung durch den anderen, um ein adäquates Selbstkonzept entwickeln zu können. Indem wir Gemeinsamkeiten und Unterschiede zwischen uns und anderen erkennen und uns damit identifizieren, sie uns sozusagen zu eigen machen, erlangen wir eine

Identität, und das hilft uns, unseren Platz in der Welt zu finden! Dies ist unsere ***Merkmals-Identität*** oder unsere ***Selbstheit***. Die Endsilbe „-heit" bedeutet (vom Mittelhochdeutschen her) so viel wie „Art und Weise", Beschaffenheit. Diese Merkmalsidentität oder Selbstheit beruht also auf einer vergleichenden Perspektive. Sie bezieht sich auf die Gesamtheit all jener Merkmale (Eigenschaften), die man sich selbst zuschreibt.

Die vergleichende Perspektive und Merkmalsidentität ist jedoch nicht die einzige Quelle unseres Selbst- und Identitätsgefühls. Darauf zielte wohl auch Kierkegaard mit der eben genannten Aussage. Es geht um die Frage nach unserem eigentlichen, ursprünglichen ***Selbstsein***, um die Frage: „***Wer bin ich*** im Grunde meines Wesens wirklich?", jenseits aller Merkmalszuschreibungen und, wenn man es auf die Spitze treiben will, jenseits aller raumzeitlichen Bedingungen. Solche raumzeitlichen Bedingungen sind der Kulturkreis und die Epoche, der biologische Körper und das Elternhaus, in die ich hineingeboren wurde, sowie die gesellschaftlichen Bedingungen (soziale Schicht, Schulbildung), unter denen ich aufgewachsen bin und heute lebe. Gegenstand dieser Frage ist also nicht mehr unser privates oder öffentliches Erscheinungs***bild***, sondern wir selbst in unserem innersten, wahren Wesens***kern***. „Kern" ist hierbei nicht substantiell zu verstehen, so wie der Kern einer Kirsche, sondern metaphorisch: „Kern" bedeutet hier so viel wie tief-innen, zentral, essentiell, ureigen. Es geht hier nicht mehr um eine vergleichende Perspektive, nicht um eine bestimmte Art und Weise oder Beschaffen***heit*** (Selbst***heit***), sondern um unser reines Selbst***sein***. Diese Identität ist nicht mehr eine Sache von Merkmalszuschreibungen, sondern beruht auf einer unvergleichbaren Innen- und Tiefenperspektive unseres Selbstbewusstseins und „Selbst-Standes". Mit Selbst-Stand meine ich den Um***stand*** oder Zu***stand***, in sich selbst zu „stehen" oder zu ruhen und Halt zu finden. In Anlehnung an Dürckheim spreche ich hier von ***Wesens-Identität***. Darunter verstehe ich jene ursprüngliche Identität von Dasein und Selbstsein, die allem Selbstbewusstsein und jedem Selbstbestimmungsversuch zugrunde liegt, wie es bereits der Philosoph Johann Gottlieb Fichte postuliert hatte (nach Frank 1991). Selbstsein und Selbstbewusstsein sind letztlich unmittelbar gegebene Phänomene, deshalb auch mit dem rationalen und sprachlichen Alltagsbewusstsein nicht vollständig begreifbar. Selbstsein meint einen Selbstbezug im Sinne einer wesentlichen (essentiellen) Selbstübereinstimmung „an und für sich" jenseits unseres Selbstbildes. Es ist „unsere essentielle Seinsweise unterhalb der Schichten von Gedanken und Reaktion, Identität und Anpassung" (Siegel (2007, 135). Im Vergleich zur Merkmalsidentität erscheint die Wesensidentität von weitaus größerer Tiefe, Zentralität und essentieller Bedeutsamkeit. Daraus ergibt sich überhaupt erst die Möglichkeit des Bei-sich-selbst-Seins, in sich selbst zentriert zu sein, jenseits oder zumindest relativ unabhängig von spezifischen lebensgeschichtlichen Bedingungen.

Die moderne Selbstkonzeptforschung bezieht sich überwiegend auf die Merkmalsidentität oder Selbstheit des Menschen. Sie ist der Versuch der Objektivierung des Selbst unter Vernachlässigung oder gar Verneinung der Subjektseite, des Selbstseins oder der Wesensidentität! Das Selbstkonzept ist jedoch nur eine Abstraktion und Repräsentation der Selbsterfahrung, ein Konstrukt der Selbstreflexion. Es ist die Gesamtheit der Einstellungen zur eigenen Person und ein mehr oder weniger explizites oder implizites, differenziertes oder globales, konsistentes oder diskrepantes, klar oder diffus konzeptionalisiertes Wissen von sich selbst. Im Gegensatz dazu ist das Selbstbild einer Person noch ein konkret-anschauliches Bild, das die Person von sich hat, wie man am Beispiel der Körperselbstbilder in diesem Buch ersehen kann. Eine Person, deren Selbstkonzept differenziert und kohärent, intern konsistent und klar ist, hat mehr Möglichkeiten zur Selbstwertstabilisierung, weil bei negativen Ereignissen und Erlebnissen immer nur ein begrenzter Teilbereich und nicht gleich die Person als Ganzes betroffen ist. Ist der Komplexitätsgrad dagegen niedrig, das Selbstkonzept diffus oder gar konfus und sehr diskrepant (wenig integriert)[7], so kann ein Misserfolg oder eine Kritik gleich die gesamte Person in Frage stellen. Solche Selbstkonzepte sind mit emotionaler Labilität, einem labilen und niedrigen Selbstwertgefühl und anderen psychologischen Problemen oder gar Störungen verbunden.

Selbstsein meint also mehr als das Selbstkonzept, und sei es noch so komplex, denn letzteres umfasst unsere Merkmalsidentität, repräsentiert aber niemals das Selbstsein in seiner Tiefe, Zentralität und Essentialität – unsere Wesensidentität! „Ein Selbst, das zu einem Gegenstand der Berechnung und Handhabung gemacht worden ist, hat aufgehört, ein Selbst zu sein. Es ist ein Ding geworden“ (Tillich

7 Folgende Diskrepanzen können im Selbstkonzept einer Person bestehen:
- zwischen der Eigen- und der Fremdperspektive (Wie sehe ich mich selbst? Wie meine ich, dass andere mich sehen? Siehe das Körperselbstbild zur Außen- vs. Innenansicht der Abb. 21, Farbtafeln)
- zwischen den emotionalen und rationalen Aspekten des Selbstbildes (Wie fühle ich mich mit mir selbst? Und wie sehe ich mich selbst?)
- zwischen dem Realselbstbild (Wie bin ich wirklich?) und dem Idealselbstbild (Wie wäre ich gerne?) oder normativen Selbstbild (Wie sollte ich normalerweise sein?) – darauf komme ich bei der Diskussion eines „wahren vs. falschen Selbst“ zurück.

1991, 96). Das Subjekt der Erfahrung und Erkenntnis kann niemals vollständig reflexiv und schon gar nicht mittels psychologischer Fragebögen oder Tests erfasst werden. Unter dieser Perspektive ist der Mensch schon immer er selbst, und sein Selbstsein ist das Fundament jeglicher Selbstheit (Merkmalsidentität). Die Wesensidentität kann nicht definiert werden und verweist auf einen transzendenten Aspekt von uns vor aller bewussten Erfahrung, wie es auch in spirituellen Anschauungen einer Buddha-Natur im Buddhismus oder des Atman im Hinduismus zum Ausdruck kommt.

Die Frage nach unserem Selbstbezug ist also nach unseren bisherigen Ausführungen stets eine zweiseitige:

- ***Wie bin ich?*** Diese vergleichende Oberflächenperspektive der Merkmalsidentität (Selbstheit) ist die Frage nach unserem Selbstbild oder Selbstkonzept;
- ***Wer bin ich?*** Diese unvergleichbare Tiefenperspektive der Wesensidentität (Selbstsein) ist die Frage nach unserem „wahren Selbst“ oder „Wesen“.

Solche Unterscheidungen zwischen existentiellem In-Erscheinung-Treten und essentiellem Sein, von Oberfläche (öffentlich) und Tiefe (privat), von Merkmals- und Wesensidentität decken sich also mit Konzepten eines originären, authentischen und ***wahren Selbst*** oder „Wesenskerns“ des Menschen – unter Umständen mit einer transzendenten Dimension. Meist im Gegensatz dazu wird ein öffentliches oder falsches, Als-ob- oder Pseudo-Selbst, Ich oder Ego postuliert. Den an sich schon schwer fassbaren Begriff des Selbst auch noch mit Begriffen wie „wahr“ und „falsch“ zu verbinden, ist aufgrund der Unschärfe aller Begriffe und der impliziten moralischen Wertungen natürlich nicht unbedenklich. Dennoch hat die Idee eines wahren/falschen Selbst Tradition, und das nicht nur in unserem Kulturkreis. Ich werde im Folgenden einige solcher Konzepte vorstellen, weil sie auch die Unterscheidung einer Merkmals- von einer Wesensidentität verdeutlichen.

Nach dem dänischen Philosophen ***Sören Kierkegaard*** (2006) ist ein jeder Mensch dazu bestimmt, er selbst zu werden. Dementsprechend unterscheidet er hinsichtlich der Selbstwerdung des Menschen zweierlei Leiden:

- ***Nicht man selbst sein wollen oder können***: Dies betrifft die Notwendigkeit, jemand (man selbst) zu werden, die Notwendigkeit der Selbstbejahung und der Selbstwerdung: „Jeder Mensch ist nämlich ursprünglich als ein Selbst (auf sich selbst hin) angelegt, mit der Bestimmung, er selbst zu werden" (237).[8] Das Selbst „drängt" sozusagen den Menschen, er selbst zu sein. Der Mensch habe aber die Möglichkeit, niemand zu sein, die Möglichkeit der Selbstverneinung, der „Verweigerung" und des „Misslingens" der Selbstwerdung. Er hat die Macht und die Freiheit, seinem essentiellen Wesen zu widersprechen, seine Bestimmung zu verfehlen.

- ***Unbedingt man selbst sein wollen,*** das heißt, „das Selbst, das der Mensch sein will, ist ein Selbst, das er nicht *ist*, (sondern) das er selbst erfunden hat." Dies betrifft den Wunsch, mehr zu sein, als man ist, also die Gefahr der narzisstischen Selbstidealisierung. „Man selbst werden heißt aber konkret werden" (233), ein reales, faktisches und konkretes Selbst werden, anstatt eines fantastischen und abstrakten Selbst, denn „so verflüchtigt sich das Selbst immer mehr" (234f).

Beide Fälle führen zu einem „falschen" oder „leeren" Selbst, zu einer reduzierten und fragmentarischen Selbstbejahung. Selbstsein ist für Kierkegaard Selbstwerdung, denn das Selbst ist stets im Werden, ist Prozess und kein Ding! Selbstwerdung wiederum bedeutete für ihn die Konkretisierung des Selbstseins in Selbstheit, in der ganzen Vielfalt der Eigenschaften und Bedingtheiten der persönlichen Biografie: „…daraus folgt…, dass es zugeschliffen, nicht, dass es abgeschliffen werden soll…" (237). Selbstwerdung sei allerdings ein Wagnis, „denn ein Selbst ist das, wonach in der Welt am wenigsten gefragt wird…" (236)

Den Aspekt der Selbstidealisierung hat die deutsch-amerikanische Psychoanalytikerin ***Karen Horney*** aufgegriffen und sehr detailliert untersucht (1975). Sie postulierte, dass, wenn man dem menschlichen Individuum die Chance gebe, es danach strebe, die einzigartigen Kräfte seines wahren Selbst zu entfalten. Unter innerem und äußerem Druck könne jedoch ein Mensch seinem wahren Selbst entfremdet werden. Er entwickele dann anstelle des wahren Selbst ein falsches Selbst. Dieses falsche Selbst sei ein idealisiertes Vorstellungsbild von sich, mit dem er identifiziert sei. Durch die Identifikation werde dieses idealisierte Selbstbild nicht als solches erkannt, sondern für wirklicher gehalten als das wahre Selbst, und der Mensch begin-

---

8 Bereits die Antike kannte die ethische Maxime, man selbst zu sein (Pindars „Werde, der du bist", oder die sokratische Forderung, mit sich selbst übereinzustimmen). Ungefähr 35 Jahre nach Kierkegaard fragte auch Friedrich Nietzsche: „Was sagt dein Gewissen? – Du sollst der werden, der du bist" (1999, 3. Buch, 270. Spruch), und der Untertitel seines Buches „Ecce Homo" lautet: „Wie man wird, was man ist".

ne, sein wahres Selbst zugunsten des idealisierten Selbst endgültig aufzugeben. Das idealisierte Selbst stellt für ihn das dar, was er „in Wirklichkeit“ ist oder potentiell ist. Es wird der Blickpunkt, von dem aus er sich selbst betrachtet, der Maßstab, an dem er sich misst. Die Kräfte, die ursprünglich nach Selbstverwirklichung drängten, werden jetzt auf das Streben verlagert, das idealisierte Selbstbild zu verwirklichen, sodass seine Selbstidealisierung zunehmend sein Streben, seine Zielsetzungen, sein Verhalten im Leben und seine Beziehungen zu anderen Menschen durchdringt. Einmal erzeugt, verlangt das idealisierte Selbstbild dauernde Aufmerksamkeit und Bestätigung, und so muss der Mensch unablässig daran arbeiten, die Wirklichkeit zu verfälschen. Das Gewicht verlagere sich vom Sein zum Schein.

Als Merkmale dieses falschen Selbst nennt Horney eine irrationale und egozentrische Anspruchshaltung an sich selbst und die Welt, einhergehend mit einer „Tyrannei des Sollens und Müssens“, statt zu „wollen“. Ein solcher Mensch ist sich des Unterschieds zwischen Wollen und Getriebensein nicht mehr bewusst, er ist getrieben von dieser Anspruchshaltung, von dieser Tyrannei des Sollens und Müssens ohne Rücksicht auf sich selbst und andere, seine und deren wahre Interessen. Er ist nicht mehr die treibende Kraft, sondern der Getriebene. Ein weiteres Merkmal ist sein neurotischer Stolz, erkennbar an seinem übermäßigen Streben nach Ruhm und Ehre, nach äußerem Erfolg und Anerkennung, nach Macht und Prestige sowie nach einer irrationalen oder idealisierenden Vollkommenheit. Dies gehe einher mit einer Selbstverachtung und Selbstverleugnung seiner wahren Gefühle und Bedürfnisse, Wünsche und Gedanken, so dass er schließlich selbst nicht mehr wisse, wo er stehe oder „wer“ er eigentlich ist. All dies führt zu neurotischen Störungen in den zwischenmenschlichen Beziehungen und in der Arbeit.

Viele dieser Aspekte eines wahren und falschen Selbst finden wir in dem „Zwiebelmodell“ der Persönlichkeit in der klassischen Gestalttherapie von ***Fritz Perls*** wieder (Perls 1979; Frambach 1993). Dem falschen Selbst entspricht bei ihm die aufgesetzte Schicht der Rollenspiele und des Charakters, der Fixierungen und der Als-ob-Persönlichkeit. Zwischen dieser aufgesetzten Schicht und dem authentischen Kern liegt die phobische Schicht der Vermeidung von Ungewissem und der dunklen Seiten der Persönlichkeit, von Konfusion und Stagnation, von Orientierungslosigkeit oder gar einer essentiellen Leere. Sozusagen tief darunter verborgen sah er jedoch einen explosiven und authentischen, vitalen und spontanen Kern, der nach Aktualisierung dränge. Perls war wie Karen Horney überzeugt davon, „...dass in jedem Menschen konstruktive evolutionäre Kräfte vorhanden sind, die ihn zur Verwirklichung der ihm gegebenen Möglichkeiten drängen..., dass der Mensch von Natur aus freiwillig nach Selbstverwirklichung strebt und dass sich seine Wertmaßstäbe aus diesem Streben entwickeln“ (Horney 1975, 13).

Für den britischen Psychoanalytiker ***Donald W. Winnicott*** (1995) ist das wahre Selbst eine Weise primärer psychophysischer Lebendigkeit, die es ermögliche, wach, gesund und lebendig zu sein. Als Merkmale des wahren Selbst nennt er Spontaneität und Kreativität, die Erfahrung des Lebendigseins sowie Originalität im Sinne von Ursprünglichkeit und Authentizität, Wesentlichkeit und Individualität. All dies deckt sich mit dem, was wir über das vitale Daseins- und Selbstgefühl geschrieben haben. Das falsche Selbst in seiner relativ gesunden Form repräsentiere die Gesamtheit der höflichen und gesitteten gesellschaftlichen Haltungen, ist also ein Produkt sozialer Anpassung. Der Gewinn ist die Stellung in der Gesellschaft, der niemals durch das wahre Selbst allein erlangt oder gewahrt werden kann! Das falsche Selbst habe somit eine positive und sehr wichtige Funktion: nämlich das wahre Selbst zu verbergen und es vor Ausbeutung (bis hin zur Vernichtung) zu beschützen. Winnicott würdigt also die Bedeutung der Merkmalsidentität. Im äußersten Falle der Selbstentfremdung jedoch stelle das falsche Selbst sich als real dar, das heißt, man neigt dazu, zu glauben, dies sei die wirkliche, ganze Person. Unter Umständen gelinge es dann noch, die Rolle des wahren Selbst zu spielen, nämlich wie es wäre, wenn... Aber im Grunde fühlen sich diese Menschen gespalten oder irreal, denn nur das wahre Selbst könne sich real fühlen. In Liebes- und Arbeitsbeziehungen sowie Freundschaften beginne das falsche Selbst dann irgendwann zu versagen, weil ihm etwas Wesentliches fehle. Außerdem verhindere es mit seiner Starrheit der Abwehr eine kontinuierliche Entwicklung und es bestehe die Gefahr, dass sich eine Dissoziation, eine Entfremdung bis hin zur Abspaltung von der leiblichen Existenz entwickle.

All diese Konzepte decken sich im Großen und Ganzen mit ***Carl Gustav Jungs*** Konzept des Selbst im Gegensatz zur so genannten Persona. Persona meint hierbei:

- die Maske im Sinne einer unechten Verhaltensweise, die das „wahre Gesicht“ (Selbst) verbirgt;
- das Idealbild, dem jemand sich anzugleichen bestrebt ist;
- die soziale Rolle, insbesondere wenn sie unecht, „gespielt“, „aufgesetzt“ ist.

Diese Persona ist sozusagen unsere „zweite Natur“ und das Ergebnis der Auseinandersetzung mit der Mitwelt. Das Selbst ist dagegen bei C.G. Jung ein archetypisches

Motiv der Ganzheit und Individualität mit transpersonalem, numinosem Charakter (siehe Schlegel 1973, 293). Als Beispiel hierfür sei auf die beiden Körperselbstbilder Abb. 22a/b (Farbtafeln) ein und derselben Person verwiesen.

Hinsichtlich der transzendenten oder spirituellen Dimension des wahren Selbst haben verschiedene Autoren ein empirisches Selbst, welches Gegenstand des Bewusstseins und der Introspektion sein könne, von einem transzendentalen Selbst unterschieden, welches das betrachtende, innere Subjekt als Zentrum der Identität sei, das selbst niemals Gegenstand der Betrachtung werden könne (wobei die Begrifflichkeit hier sehr variieren kann). In Anlehnung an den italienischen Psychiater und Begründer der Psychosynthese, ***Roberto Assagioli***, könnte man sagen, dass das wahre Selbst nicht nur tief verborgen in uns, sondern zugleich unermesslich hoch über uns ist – zumindest über dem, was man gewöhnlich als sein Ich nimmt; deshalb nannte er es das „höhere" Selbst (1978). Nach ***Ali H. Almaas*** (1997) ist unsere Essenz eine wesentliche und wirkliche, unmittelbar gefühlte und unbezweifelbare Erfahrung des „Ich bin" als ursprüngliches Zentrum und Quelle von Leben und Handeln – in unserer Terminologie also das Zusammenfallen von Daseins- und Selbstgefühl. Das wirkliche, wahre Selbst sei unsere wahre Natur (Buddha-Natur) und Identität jenseits aller Identifikationen, also nicht das Produkt von Erziehung oder Bildung. Merkmale von Essentialität seien Liebe und Mitgefühl, Freude und Frieden, Wille und Bewusstheit, Tiefe und Weite, Fülle und Leere, Präsenz und Ausstrahlung, Strömen und Wirksamkeit (Kraft, Energie, Stärke, Mächtigkeit), Zentriertheit und Wertigkeit (Selbstwert), Unmittelbarkeit (Intuition, Spontaneität) und Sinnhaftigkeit.[9]

Karlfried Graf von Dürckheim bevorzugte den Begriff des Wesens anstelle des wahren Selbst. Unter dem *Wesen* eines Menschen verstand er den hinter- und untergründigen, unbedingten und überweltlichen, essentiellen „Kern" des vordergründig

---

9 Als Wege zur Verwirklichung von Essentialität nennt Almaas:

- eine Anstrengung, welche die normalen Grenzen der Persönlichkeit überschreitet, indem sie über das Maß hinausgeht, das notwendig wäre, um einen bestimmten Zweck zu erreichen.
- indem man eine „Reibung" zwischen dem Bewusstsein seiner selbst und seinen Gewohnheiten erzeugt.
- indem man sein Wahrnehmungsvermögen vertieft und verfeinert und die Fähigkeit zu konzentrierter Aufmerksamkeit entwickelt.
- indem man seine Identifikation insbesondere mit den Über-Ich-Facetten seines Selbstbildes und -konzepts überwindet und auflöst (Abbau der Tyrannei des Sollens und Müssens).
- Die beste Bedingung für die Verkörperung von Essenz sei ein sensibler, flexibler und offener Körper.

Einige dieser Aspekte können Sie in den in diesem Buch angebotenen Übungen wiederfinden.

in einer allseitig bedingten Welt lebenden Menschen, „die jeweils individuelle Weise der Teilhabe am überraumzeitlichen Sein". Als „Selbst" bezeichnet er hierbei „die Weise des Subjektseins im raumzeitlichen Dasein. Das 'wahre Selbst' ist dort gewonnen, wo der Mensch in seinem Subjektsein mit dem Wesen integriert ist. In dem Maße, als diese Integration nicht gelang, lebt der Mensch... in einem 'Pseudo-Selbst' oder 'Ich-Selbst'" (1970, 26). Ein so verstandenes Wesen oder wahres Selbst ist „keine statische Größe, kein bloßes Ideal-'Bild'..., sondern eine dynamische Kraft, ein lebendiges Potential, dessen Anspruch auf Verwirklichung in eine bestimmte Lebens- und Leibesgestalt hineintreibt" (1965, 12), das „nach Offenbarung in unserem weltlichen Dasein, in unserem persönlichen Erleben, Erkennen, Gestalten und Lieben in der Welt drängt" (1993, 64). Es ist also nichts Greifbares und letztlich nichts Begreifbares, aber dennoch unmittelbar erfahrbar in so genannten numinosen Seinsfühlungen und -erfahrungen. Es ist „auf ewige Verwandlung gestellt. Als weltbezogenes Ich ist der Mensch letztlich aller Verwandlung abhold und auf Bleiben und Bleibendes gerichtet" (1976, 43), wobei „die Spaltung in Selbst und Ich... für beide Seiten verheerend" ist (Perls, Hefferline & Goodman 1979a, 253).

Das wahre Selbst, unsere Wesensidentität, hat also wenig mit dem zu tun, was man im Allgemeinen für die Identität des Menschen hält, nämlich als die Gesamtheit seiner Identifizierungen, habituellen Haltungen und Merkmalszuschreibungen. Diese Merkmals-Identität ist eher ein „soziales Selbst", weil es sich über sozial-interaktive Austauschprozesse und Spiegelung, Identifizierung und Perspektivenübernahme bildet. In der Merkmalsidentität entdecken wir überall „die Spur des anderen." Daraus ergibt sich die Gefahr, dass man nie bei sich selbst, stets dezentriert ist, weil man immer draußen beim anderen oder gar ein anderer ist! Unsere Wesensidentität wirkt sozusagen aus dem Hintergrund der Persönlichkeit, aus der Tiefe unseres Daseins. Sie zeigt sich seltener in den üblichen Alltagskontexten, sondern eher in Kontexten von Diskontinuität und Erschütterung (Krisen) oder als diffuses, schwer zu konkretisierendes Gefühl, nicht wirklich man selbst zu sein, etwas Wesentliches, Wesenhaftes von sich selbst nicht ins Leben gebracht zu haben (Lesmeister 2006). Unsere Wesensidentität ist das „genuin Eigene", das sich nie vollständig mit der Welt verbindet, sondern bis zu einem gewissen Grad stets „es selbst" bleibt – „ungefunden" und „ungebunden", „für immer still" und selbstverborgen (Winnicott). Es ist eine Art leere, indifferente und schöpferische Mitte, die nicht „bevölkert" und „zugestellt" ist von verinnerlichten anderen und Objektbeziehungen, Introjekten und so genannten Repräsentanzen. Es ist gewissermaßen ein Ort existentieller Einsamkeit und des essentiell Nicht-Intersubjektiven, wo wir ganz bei uns und dennoch in nicht egobezogener Weise zentriert sind. Es scheint eine Art ahistorischer Subjektkern zu sein, der zwar existentiell, aber nicht essentiell der Geschichtlichkeit (Zeitlichkeit) unterworfen ist. Daraus ergibt sich die Lebensaufgabe, die biografischen raumzeitlichen Bedingungen mit dem a- bzw. transbiografischen Wesen in Verbindung zu bringen (Dürckheim). Die primäre Methode hierfür ist die der Distanzierung, das heißt, nicht mehr mit den Inhalten des Bewusstseinsstromes identifiziert zu sein, sondern mit dem Beobachten desselben oder Inne-Sein an sich. Dies entspricht einem Wechsel der Perspektive ***weg von den Inhalten*** des Bewusstseins (Gedanken, Gefühle, Bilder) ***hin zum Prozess*** des Bewusstseins an sich, vom reflektierenden zum reinen Selbstbewusstsein (dazu später mehr).

Unsere Unterscheidung von existentiellem In-Erscheinung-Treten und essentiellem Sein, von Oberfläche (öffentlich) und Tiefe (privat), von Merkmals- und Wesensidentität beinhaltet aber weder eine Wertung noch eine Trennung: Das Wesentliche erscheint stets durch Merkmale, die Tiefe zeigt sich in der Oberfläche, die sie zugleich verbirgt. Sie bilden zwei zusammengehörende und sich ergänzende Seiten (Pole) eines Ganzen, sind zwar unterscheidbar, aber nicht trennbar. Polarisieren heißt unterscheiden, was letztlich zusammengehört! „Essenz und Erscheinungsformen durchdringen einander", heißt es im Sandokai (Deshimaru 1980) und ähnlich im Herz-Lotos-Sutra, zwei buddhistischen Lehrtexten. Oder wie Nietzsche es formuliert (1999, 248):

„Welt-Spiel, das herrische,
Mischt Sein und Schein: -
Das Ewig-Närrische
Mischt ***uns*** – hinein!"

In diesem Sinne ist die Oberfläche ebenso wahr oder authentisch wie die Tiefe. Nehmen wir zur Veranschaulichung eine Zwiebel mit ihren sieben Schalen und das „Herz" verborgen tief in ihrem Innern – übrigens eine gängige Metapher in den traditionellen Schichtentheorien der Persönlichkeit. Ohne die Schalen wäre die Zwiebel ebenso keine Zwiebel wie ohne ihr Herz. Beim Knoblauch heißt das Innerste die „Seele", beim Obst und bei den Nüssen „Kern". Dort, tief im Innersten, im Herzen, im Kern oder in der Seele, dort ist die *Essenz* der Zwiebel oder des Knoblauchs, des Apfels oder der Nuss konzentriert. ***Essentialität***, ***Tiefe*** und ***Zentralität*** hängen also eng zusammen. Wie ist nun der Zusammenhang zwischen Oberfläche (Außen) und Tiefe (Innen) zu denken? Einerseits soll die Oberfläche die Tiefe verbergen, um sie zu schützen! Andererseits können Veränderungen, zum Beispiel braune Flecken auf der Oberfläche, auf tieferliegende Störungen im „Herzen" der Zwiebel verweisen. Schließlich kann auch der Prozess der Heilung von außen nach innen eingeleitet und angeregt werden, wenngleich die Frage bleibt, ob sich die Heilung selbst letztlich nicht von innen nach außen vollzieht?! Auf dieser sowohl diagnostischen (dass man an Merkmalen der Oberfläche Störungen in der Tiefe erkennen kann) als auch therapeutischen Möglichkeit (dass man über die Oberfläche Heilung aus der Tiefe anregen kann) beruhen viele alternative und natürliche Heilverfahren. Eine größere oder chronische Diskrepanz oder Dissonanz zwischen Oberfläche und Tiefe, zwischen Selbstkonzept und Selbsterfahrung, zwischen Selbstheit und Selbstsein, zwischen Merkmals- und Wesensidentität, zwischen Schein und Sein macht uns jedoch krank.

Im Hinblick auf die vielfältigen Facetten eines wahren Selbst kann deshalb der häufig gebrauchte und auch missbrauchte Begriff der Selbstverwirklichung Mehrfaches bedeuten:

- Unter dem Aspekt der Merkmalsidentität die Aktualisierung seiner Anlagen und Potentiale in Interaktion mit der Umwelt (***Selbstaktualisierung***). Dieses Potential kann zwar in seiner Entwicklung behindert werden, es drängt aber sozusagen „von selbst" zu seiner Verwirklichung; hierzu bedarf es einer hinreichend förderlichen Umgebung;

- ein eingeborenes Bedürfnis dahingehend, dass der Mensch nicht nur den Prinzipien von Lust und Unlust folgt, wie Freud es postulierte, sondern sich, sein Dasein und sein Selbstsein bejahen und steigern, ja sogar übersteigen will (***Selbsttranszendenz***);

- unter dem Aspekt der Wesensidentität die Erfahrung, das Inne-Sein seiner wahren Identität: Dies beinhaltet die Entdeckung der Prozesshaftigkeit und Relativität wechselnder Identifikationen beziehungsweise Identitäten und markiert den Übergang vom selbstreflektierenden Bewusstsein zum ***reinen Selbstbewusstsein***, wie es im abschließenden Kapitel dieses Buches dargestellt wird.

Welche Beziehung zu unserer Leiblichkeit impliziert eine so verstandene Selbstverwirklichung? An dieser Stelle lohnt sich eine kurze Betrachtung des Begriffes der Instrumentalität, den wir ja für das bezogene Selbstgefühl schon herangezogen haben. Dort haben wir ihn vorzugsweise pragmatisch-mechanistisch und im Dienste der Kompensation verwendet. Der Begriff des Instruments an sich ist jedoch doppeldeutig:

- Ein Instrument ist einerseits ein ***Mittel der Bemächtigung***: Es sind dies Werkzeuge und Waffen aller Art im weitesten Sinne des Wortes. In diesem Sinne kann der Körper ebenso wie Denken und Sprache ein Werkzeug oder eine Waffe zur Bemächtigung der Natur sein, zum Beispiel im Dienste der Verdrängung sozial unerwünschter Impulse, im Dienste von Machtgewinnung und so weiter. All diese Instrumente dienen mehr oder weniger dem biosozialen Überleben, und als solche unterliegen sie den Kriterien der Tauglichkeit und der Machbarkeit, des (auch ökonomischen) Nutzens und der Effizienz. Zugleich unterliegen sie aber auch der Gefahr, Mittel der Ausbeutung zu werden, insbesondere wenn sie im Dienste der Kompensation stehen!

- Andererseits kann ein Instrument ein ***Mittel des Ausdrucks*** sein: Ein Musikinstrument dient dem Musizieren, ein Pinsel dem Malen, Sprache der Dichtung und Denken dem Philosophieren. All diese „Instrumente" sind nicht so sehr eine Sache des Überlebens als vielmehr des *Er*lebens und eines erfüllten Lebens, und als solche unterliegen sie den Kriterien des Wahren, Schönen und Guten (Platon). Sie sind Mittel des Ausdrucks und der Verwirklichung eines spezifisch menschlichen Strebens nach dem Wahren, Schönen und Guten. In diesem Sinne schrieb auch Khalil Gibran (1988, 54): „Euer Körper ist die Harfe eurer Seele / Und es ist an euch, süße Musik aus ihm zu locken oder wirre Töne."

Der Begriff des Instruments impliziert, so oder so verstanden, zumindest das Handhaben von etwas und verweist somit auf die typisch menschliche, existentielle Polarität von „Haben" und „Sein". Mit der Polarität von Haben und Sein meine ich in Anlehnung an Erich Fromm (1979) „zwei grundlegende Existenzweisen, zwei verschiedene Arten der Orientierung sich selbst und der Welt gegenüber", wobei in der Existenzweise des Habens „die Beziehung zur Welt die des Besitzergreifens und des Besitzens" ist, eine Beziehung, in der ich im Fall übersteigerter Einseitigkeit „jedermann und alles, mich selbst mit eingeschlossen, zu meinem Besitz machen will" (35).[10] Die Existenzweise des Seins ist nach Fromm das Gegenteil

10 Wenn „Haben" mein ausschließliches Ziel ist, bin ich umso mehr, je mehr ich habe. Man will zum Beispiel des Körpers habhaft werden, sich seiner bemächtigen und ihn besitzen. Aber wie so oft erweist sich irgendwann der Mächtige als der Ohnmächtige: „Wie alles Habhafte kann mich mein Körper tyrannisieren und entmachten... In dem Maße, in dem er ein Haben bedeutet, frisst er mich auf wie alle Besitztümer" (Marcel 1985, 18). „Wird das Leibsein zum Körperhaben objektiviert, zerfällt die innere Einheit des Wesens, die wir Seele nennen" (21). Deshalb ist „die Beziehung zwischen dem Ich und dem, was ich habe,... stets gespannt" (31) und zweischneidig.

vom Habensmodus: „…Sie bedeutet Lebendigkeit und authentische Bezogenheit zur Welt…und meint die wahre Natur, die wahre Wirklichkeit der Person" (im Gegensatz zum „Schein"; 35). Der Mensch, der nicht mehr vom Haben, sondern vom Sein bestimmt werde, komme zu sich selbst. Auch der Mensch im Seinsmodus ist aber für die produktive Entfaltung seiner Fähigkeiten auf die Habensmodalität und Instrumentalität des Leibes im Sinne eines Ausdrucks- und Verwirklichungsmittels und -mediums angewiesen.

Der Philosoph Gabriel Marcel (1985) wies darauf hin, dass ebenso wie alles, was ich handhabe, die Hand voraussetze, die es halten und manipulieren kann, „alles Instrumentelle … etwas voraus(setzt), was nicht instrumental zu denken ist" (22). „Der Leib ist also die Wurzel des Habens, wiewohl er kein Gegenstand ist, den ich habe" (19). Das Phänomen der Verkörperung war für den Menschen schon immer ein Mysterium, ebenso geheimnisvoll und unfassbar wie numinos und unergründlich. „Leiblich bin ich mir selber ein Geheimnis" (Marcel 1985, 19). C.G. Jung schrieb von dem „Mysterium…, dass die Seele das innerlich angeschaute Leben des Körpers und der Körper das äußerlich geoffenbarte Leben der Seele ist" (GW 10, § 195). Dementsprechend schrieb einst Friedrich Nietzsche den „Verächtern des Leibes" (2000, 39): „Werk- und Spielzeuge sind Sinn und Geist"…, aber „hinter deinen Gedanken und Gefühlen…steht ein mächtiger Gebieter, ein unbekannter Weiser – der heißt Selbst. In deinem Leibe wohnt er, dein Leib ***ist*** er" (Hervorhebung von mir). Und weiter: „'Ich' sagst du und bist stolz auf dies Wort. Aber das Größere ist, woran du nicht glauben willst, – dein Leib und seine große Vernunft…Werkzeug deines Leibes ist auch deine kleine Vernunft (die du 'Geist' nennst)…" So kann Nietzsche zu der Schlussfolgerung kommen: „Es ist mehr Vernunft in deinem Leibe als in deiner besten Weisheit" (40). Dem entspricht die Auffassung vom Leib als Tempel des Heiligen Geistes (Paulus, Kor 6,1). Bei dieser Auffassung gelten der Leib und die leibhaftige Übung als ein Medium des ***Exercitium ad integrum***, der Übung zur Integration und zur „Transparenz für die immanente Transzendenz" (Dürckheim), als eine Quelle der Selbsterkenntnis und der Entwicklung unseres schöpferischen Potentials, als ein Medium der Befreiung unseres wahren Wesens bis hin zur Erleuchtung. In dieser Auffassung ist der Körper nicht mehr der Kerker der Seele oder der Widersacher des Geistes, sondern die Quelle und der Ort von Beseeltheit bis hin zur Erlangung von Glückseligkeit! Gemäß diesen Übungstraditionen verkörpern sich im Leib nicht nur biografisch-personale Aspekte, sondern auch transpersonale Aspekte unseres spirituellen, wahren Selbst. Letztlich verkörpert sich nach dieser Auffassung in unserer Leibhaftigkeit der „göttliche Funke" (Eckehart), der dem

Adam, dem Aus-Lehm-Geformten, eingehauchte Odem Gottes, das Atman, das letztlich Brahman ist. Im ägyptischen Totenbuch findet sich eine Aufzählung, wo die verschiedenen Körperteile des Verstorbenen mit verschiedenen Gottheiten in Verbindung gebracht werden, die in der Aussage gipfelt: „…Es ist kein Glied meines Körpers, das nicht Glied irgendeines Gottes wäre“ (zitiert nach Campbell 1999, 355). Das Körperselbstbild eines Mannes in einer Sinnkrise in der Mitte seines Lebens (Abb. 23, Farbtafeln) ist der Versuch, eine tiefe Meditationserfahrung bildlich wiederzugeben: Der Hirnraum wurde erfahren als ein Raum des Lichtes, in dessen Zentrum sich ein Altar oder das Allerheiligste befand (auch mit Assoziationen an einen Sarkophag); im Herzraum wurde ein „ewiges Licht“ mit der Gefühlsqualität von unendlicher Liebe erfahren; im Bauch-Becken-Raum an der Basis der Wirbelsäule ein strahlend-blauer See und ein Feuer – nach seinen Worten „das Wasser der Taufe“ und „der brennende Dornbusch“. All dies erinnert neben der christlichen Symbolik auch an unsere drei Zentralisationen (Tempel) sowie an den alchemistischen Wasser-Feuer-Prozess („Kan/Li“*)* in der taoistisch-tantrischen sowie an den Prozess der Kundalini-Erweckung in der hinduistisch-tantrischen Tradition.

Übungen vom reflektierenden zum reinen Selbstbewusstsein

In den Köpfen vieler Menschen jagen sich die Gedanken wie „zehntausend Affen“, wie es so schön anschaulich im Buddhismus heißt. Und überall in uns entdecken wir „Spuren des anderen“: Bilder anderer von uns, Botschaften anderer über uns, Erwartungen und Gefühle anderer an uns oder in Bezug auf uns. Daraus ergibt sich die Gefahr, dass man nie bei sich selbst, immer draußen beim anderen oder gar ein anderer ist (Lesmeister 2006)! Viele Menschen sind von Gedanken und Bildern, Einstellungen und Stimmen unterschiedlichster Art förmlich besetzt oder gar besessen. Sie kriegen diese Bilder und Gedanken nicht aus dem Kopf, wie sie recht anschaulich sagen, oder „diese Bilder und Gedanken lassen mich nicht mehr los“. Dieser Strom von Bildern und Gedanken lässt uns nicht zur Ruhe kommen, manche setzen uns unter Druck oder machen uns ein schlechtes Gewissen, oder sie bewirken zumindest, dass wir uns nicht wohlfühlen, dass wir zögern und zaudern, sie erregen uns emotional und lähmen uns motivational, geben uns das Gefühl, fremdbestimmt zu sein, gehen einher mit Zerstreutheit und Vergesslichkeit, mit Ablenkbarkeit, Gedankenflucht oder zwanghaftem Grübeln, mit Irritierbarkeit und Katastrophenfantasien. Die Ursprünge vieler solcher Gedanken sind erziehungsbedingte Gebote und Verbote, Sollens- und Muss-Forderungen sowie delegierte Botschaften von Erziehungspersonen, wie wir sie alle kennen. Manche spiegeln auch frühkindliche existentielle Notlagen oder Konflikte mit widersprüchlichen Botschaften wider und stellen sozusagen frühe Lösungen und dementsprechende Losungen dar. Sie prägen als implizite Einstellungen, primäre Grundannahmen oder Lebensleitsätze unser Daseins- und Selbstgefühl. Inhaltlich handelt es sich hierbei um mehr oder weniger moralisierende oder demoralisierende, negative und selbstabwertende oder auch illusionäre, selbstaufwertende Selbstzuschreibungen (Selbstvorwürfe oder -idealisierungen) sowie Befürchtungen aller Art bis hin zu Katastrophenfantasien. „Introjekte" nennt man solche „ich-fremde", selbstbezogene Bewusstseinsinhalte, die wir irgendwann einmal „geschluckt" und verinnerlicht (introjiziert) haben und unter deren Bann wir heute stehen, sodass sie unser gegenwärtiges Denken und Fühlen, Wollen und Handeln bestimmen. Wir erleben uns dann nicht mehr als „Herr im eigenen Haus", nicht mehr als Besitzer und Urheber dieser Prozesse und Inhalte, was natürlich massiv unser Selbstgefühl beeinträchtigt.

Viele dieser Gedankenketten haben sich sozusagen verselbständigt, sodass sie wie eine schlechte Angewohnheit nicht mehr so ohne weiteres abzustellen sind (vergleichbar dem Kettenrauchen). Wieder andere haben den Charakter von Leitsätzen, nach denen wir unser Leben richten. Diese sind für uns natürlich von besonderem Interesse. Ich bitte Sie deshalb, sich über einen längeren Zeitraum selbst zu beobachten und sich zu notieren, welche selbstbezogenen mentalen Inhalte (Gedanken, Bilder, Einstellungen, „innere Stimmen") bei Ihnen unangenehme emotionale Reaktionen, Stimmungen und Befindlichkeiten auslösen. Beispiele für solche Gedanken und Lebensleitsätze sind:

- Auf nichts und niemanden ist Verlass...
- Ich bin unwillkommen auf/in dieser Welt.
- Ich darf nicht so sein, bin nicht liebenswert, so, wie ich bin.
- Ohne dich kann ich nicht leben; oder: Ohne dich bin ich nichts/niemand.
- Ich kann machen, was ich will, es ist nie (gut) genug.../ich genüge nie.
- Ich bin dafür da, es allen recht zu machen.
- Ich tauge (zu) nichts.
- Ich ***muss***... (perfekt, brav) sein, sonst... (werde ich abgelehnt, verlassen).
- Man muss nur wollen...(als gäbe es nicht Umstände, wo es besser wäre, zu lassen)

- Wenn ich nichts tue, bin ich nichts (wert).
- Ohne mich geht nichts... oder: Nur, wenn ich es selbst mache, ist es richtig/ ordentlich gemacht...
- Ich bin ein Loser/Versager/Nichtsnutz/Angsthase...
- Ich bin zu blöd/faul/unfähig/hässlich..., um... (impliziert: deshalb wird aus mir nie etwas; deshalb geht alles schief, was ich angehe...)
- Ich habe immer und an allem Schuld...(ich bin für alle/alles zuständig/verantwortlich)
- ...und so weiter, und so fort.

Prinzipiell gibt es bei allen Unterschieden vier Strategien, mit solchen automatisierten Gedankenketten und Bildern, Einstellungen und Lebensleitsätzen umzugehen:

- Eine mögliche Strategie ist der Versuch, durch rechtzeitiges oder massives Einschreiten den zwanghaften, automatisierten Prozess zu ***unterbrechen***. Zu dieser Strategie gehören Maßnahmen wie zum Beispiel die Stopp- und Konfrontationstechniken der Verhaltenstherapie.

- Eine andere Strategie versucht, negative Gedanken und Bilder kompensatorisch durch positive imaginativ und affirmativ zu ***ersetzen***: Das ist die Methode des positiven Denkens und entsprechender (angeleiteter) Imaginationsverfahren.

- Bei einer dritten Strategie wird die Entwicklung und aktuelle Dynamik solcher Introjekte näher erforscht und ***aufgearbeitet***: Das ist die Strategie der psychodynamisch und systemisch orientierten Psychotherapieverfahren.

- Die vierte Strategie ist der Versuch, sich von solchen Inhalten innerlich zu ***distanzieren***, denn das ist schließlich (wir erinnern uns) eine Fähigkeit des spezifisch menschlichen Selbstbewusstseins. Diese Strategie verfolgen jene Meditationsformen, wo man versucht, solche Gedanken und Bilder zum Beispiel wie Wolken am Himmel vorüberziehen zu lassen.

Alle Strategien haben ihren Wert. Ich möchte Ihnen hier eine Methode vorstellen, die Elemente der Atemregulierung mit Visualisierung, innerer Distanzierung und Zentrierung verbindet und so zu einem Zustand des reinen Selbstbewusstseins hinführen *kann*. Zugleich ist diese Meditation in gewisser Weise eine Fortführung der bisherigen: Bisher haben wir durch die Übungen der emotionalen Verdauung und der Selbstwertschätzung sozusagen unsere vitalen und emotionalen Räume ein wenig „gereinigt“ und dadurch den Weg für die Zentrierung im Tempel des Lebens und der Liebe bereitet; jetzt wollen wir dasselbe mit unserem „geistigen Raum“ tun.

Ü 14: Entleerung unseres Bewusstseinsraumes

Bevor Sie zu der fortgeschrittenen Variante übergehen, beginnen Sie mit der folgenden Einstiegsübung:

Sitzen Sie für diese Übung aufrecht auf einem Stuhl und legen Sie die Hände auf den Unterbauch. Wandern Sie dann mit Ihrem Vorstellungs- *und* Empfindungsvermögen mehrmals durch Ihren Körper:

- Vom Becken abwärts durch die Beine zum Boden hin sich sinken lassen;
- aus dem Becken heraus entlang des Körperlotes zum Scheitelpunkt hin sich wachsen lassen;
- in den Schultern sich loslassen und
- in der Beckenschale sich niederlassen.

Wenn Sie die Bauchdecke freigeben, dann können Sie spüren, wie Ihr Atem die Bauchdecke bewegt. Zentrieren Sie sich bei dieser Übung immer zunächst im Tempel des Lebens (mittels der Energiekugel in der Beckenschale).

Gehen Sie dann mit Ihrer Achtsamkeit zu Ihrer Nase und beobachten Sie Ihren Atem, wie er so kommt und geht, wie Ein- und Ausatem im steten Wechsel mehr oder weniger sachte und fein an den Nasenschleimhäuten entlangstreichen. Fühlen Sie den eher kühlen Einatem im Vergleich zu dem eher warmen Ausatem. Beachten Sie hierbei die Prinzipien des verbundenen Atmens. Legen Sie nun beide Zeigefinger direkt unter die Nasenlöcher. Im Einatmen dehnen Sie nun den Nasenboden ein wenig, indem Sie mit den Zeigefingern sachte nach unten ziehen (Abb. 24a). Beim Ausatmen lösen Sie die Dehnung langsam wieder. Wiederholen Sie den Vorgang mehrmals. Dann legen Sie die Zeigefinger seitlich neben die Nasenflügel (Abb. 24b). Im Einatmen dehnen Sie die Nasenflügel ein wenig zur Seite, beim Ausatmen lösen

Sie die Dehnung wieder langsam. Wiederholen Sie auch diesen Vorgang mehrmals. Schließlich legen Sie einen Zeigefinger von unten auf die Nasenspitze (Abb. 24c) und dehnen im Einatmen die Nasenspitze etwas nach oben. Beim Ausatmen lösen Sie die Dehnung wieder. Auch diesen Vorgang wiederholen Sie ein paarmal. Nehmen Sie sich dann etwas Zeit zum Nachspüren. Diese Übung öffnet nicht nur die Nasengänge, sondern regt auch die Zwerchfelltätigkeit an. Sie können sie deshalb auch als eigenständige Übung oder als Einstieg für viele der anderen Übungen in diesem Buch nehmen.

Abb. 24a

→

Abb. 24b

→

Abb. 24c

Vergegenwärtigen Sie sich dann einmal, dass es (genauso wie bei der Verdauung auch) bei der Atmung um die Assimilation von Brauchbarem (Sauerstoff) und die Ausscheidung von Unbrauchbarem (Kohlendioxid) geht. Prinzipiell dasselbe gilt für unsere Gedanken und Bilder, Anschauungen und Einstellungen. Im nächsten Ausatem ***visualisieren*** und ***fühlen*** Sie, wie mit diesem Ausatemstrom ein Strom, eine Wolke oder ein Dunst von dunklen und düsteren, grauen und trüben, schweren und dumpfen, insgesamt also negativen Gedanken und Bildern, Anschauungen und Einstellungen aus Ihrem Gehirn und Kopfraum nach außen strömt. Wie fühlt sich das an?

Beim nächsten Einatem visualisieren und fühlen Sie das Einströmen von frischer und freier, lichter und leichter, heller und klarer, insgesamt also positiver Energie, welche den eben „gereinigten" Kopf- und Hirnraum „durchweht", erfüllt und erweckt, belebt und beseelt, leuchten und strahlen lässt. Wie fühlt sich das an im Vergleich zu vorher?

Beenden Sie diese Übung, indem Sie ganz allmählich sich wieder bewegen, strecken und räkeln.

Damit sind Sie mit dem grundlegenden Übungsprinzip vertraut. Die folgende Übung baut darauf auf, ist jedoch hinsichtlich des Atem- und Bewusstseinsprozesses etwas differenzierter und deshalb in der Durchführung etwas anspruchsvoller. Zur Vorbereitung sollten Sie sich zunächst einmal den Aufbau des menschlichen Gehirns vergegenwärtigen: Das Großhirn ist in zwei Hälften (Hemisphären) gegliedert, die über den Balken (Corpus callosum) miteinander verbunden sind. Diese beiden Hemisphären stehen schwerpunktmäßig mit unterschiedlichen psychischen Funktionen und Bewusstseinsmodalitäten im Zusammenhang (siehe Kuhl 2001, Wagner 2006). Darüber hinaus muss man wissen, dass die linke Großhirn-Hemisphäre die rechte Körperseite innerviert, die rechte Hemisphäre die linke Körperseite. Dementsprechend steht das linke Nasenloch mit der rechten Hirnhälfte, das rechte Nasenloch mit der linken in einem funktionalen Zusammenhang:

- rechtes Nasenloch → linke Hirnhälfte
- linkes Nasenloch → rechte Hirnhälfte

Wenn dem so ist, dann sollte man über die Lenkung des Atems durch das rechte oder linke Nasenloch bei gleichzeitiger Lenkung unserer Aufmerksamkeit und Vorstellung Einfluss auf die einzelnen Hirn-Hemisphären und unsere Bewusstseinsmodalitäten nehmen können. Das wollen wir nunmehr versuchen:

1. Schritt: „Gehirnatmung“

Wir greifen hier auf eine Atemübung zurück, die als Wechselatmung oder auch als 4-8-4 Atemtechnik bekannt ist. 4-8-4 meint hierbei die Dauer des Einatems, der Atempause zwischen Ein- und Ausatem und des Ausatems in Sekunden. Diese Zeitangaben sind jedoch nur als Orientierungswerte zu verstehen; bitte beachten Sie stets die Grundsätze des verbundenen Atmens, also den Atem niemals zu forcieren und sich selbst nicht unter Druck zu bringen.

Sitzen Sie wieder aufrecht und zentrieren Sie sich zunächst im Tempel des Lebens. Legen Sie dann eine Hand auf dem Oberschenkel ab. Die andere Hand halten Sie bereit, um gleich mit dem Zeige- und Mittelfinger abwechselnd eines der beiden Nasenlöcher und am Ende des Einatems kurz beide Nasenlöcher zuzuhalten. Verfahren Sie hierbei wie folgt:

- Beobachten Sie zunächst Ihren Atem, wie er so kommt und geht, wie Ein- und Ausatem im steten Wechsel mehr oder weniger sachte und fein an den Nasenschleimhäuten entlangstreichen. Fühlen Sie den eher kühlen Einatem im Vergleich zu dem eher warmen Ausatem.

- Im nächsten Ausatem halten Sie mit dem Zeigefinger durch leichten, seitlichen Druck auf den Nasenflügel das rechte Nasenloch zu, so dass der Ausatem also nur durch das linke Nasenloch entweichen kann (Abb. 25a). Geben Sie dem Ausatem (bis zu vier Sekunden) Zeit, ganz zu entweichen, bis Sie ganz leer sind und wie von selbst der nächste Einatem kommt (runder Übergang). Dieser Einatem erfolgt durch das linke Nasenloch, durch das Sie eben ausgeatmet haben. Geben Sie auch dem Einatem (bis zu vier Sekunden) Zeit, bis Sie ganz erfüllt sind von ihm.

- Jetzt nehmen Sie noch den Mittelfinger dazu, um beide Nasenlöcher zuzuhalten (Abb. 25b), so dass im eingeatmeten Zustand eine Atempause entsteht. Diese Atempause dauert je nach Atemkapazität mehrere (bis zu acht) Sekunden – sie darf jedoch niemals so lange dauern, dass Druck entsteht!

- Mit dem nächsten Ausatem kommt der Wechsel zum rechten Nasenloch, das Sie jetzt freigeben (Abb. 25c). Wiederum den Ausatem ruhig und sanft entweichen lassen, bis Sie ganz leer sind und wie von selbst der nächste Einatem kommt, den Sie durch dasselbe (rechte) Nasenloch einströmen lassen.

Abb. 25a

←→

Abb. 25b

←→

Abb. 25c

Merken Sie sich also:

- Aus- und Einatem immer durch dasselbe Nasenloch.
- In der kurzen Atempause zwischen Ein- und Ausatem beide Nasenlöcher zuhalten.
- Nach jeder Atempause Wechsel auf das jeweils andere Nasenloch.

2. Schritt: „Gehirnreinigung“

Dass es einen engen Zusammenhang zwischen dem Atem- und Bewusstseinsstrom gibt, ist ein uraltes Erfahrungsgut aller meditativen Übungstraditionen.[11] Darauf wollen wir nun zurückgreifen. Vergegenwärtigen Sie sich bitte, mit welchem negativen mentalen Inhalt (Einstellung, Gedanke, Grundsatz oder Leitbild) Sie arbeiten möchten, denn für diesen mentalen Inhalt steht in der folgenden Übung der dunkle und düstere, graue und trübe, schwere und dumpfe Strom (Wolke, Dunst), der mit dem Ausatem hinausfließen soll. Wenn es keine solche expliziten mentalen Inhalte gibt, dann lassen Sie mit dem Ausatem einfach alle Gedanken mit hinausfließen.

- Im nächsten Ausatem ***visualisieren*** und ***fühlen*** Sie, wie mit diesem Ausatemstrom von der mit dem offenen Nasenloch korrespondierenden, also gegenüberliegenden Großhirnhälfte ein Strom, eine Wolke oder ein Dunst von dunklen und düsteren, grauen und trüben, schweren und dumpfen, insgesamt also negativen Gedanken und Bildern, Anschauungen und Einstellungen nach außen strömt. Wie fühlt sich das an?

- Der Einatem erfolgt durch dasselbe Nasenloch, durch das Sie eben ausgeatmet haben. Mit diesem Einatemstrom visualisieren und fühlen Sie das Einströmen von frischer und freier, lichter und leichter, heller und klarer, insgesamt also positiver Energie, welche die eben „gereinigte“ Großhirn-Hemisphäre erfüllt und erweckt, belebt und beseelt, leuchten und strahlen lässt. Wie fühlt sich das an (im Vergleich zu vorher)?

- In der nun folgenden Atempause zwischen Ein- und Ausatem, in der Sie sich beide Nasenlöcher zuhalten, visualisieren und fühlen Sie, wie Sie von dieser positiven, lichtvollen Energie so viel wie möglich hinüber in die andere Hemisphäre schicken. Sie erreichen dies wiederum durch Verlagerung der ***Aufmerksamkeit*** und der ***Vorstellung*** hinüber in die andere Gehirnhälfte. Wie fühlt sich das an?

- Der nächste Ausatem erfolgt durch das andere Nasenloch, das Sie jetzt freigeben. Visualisieren und fühlen Sie wieder einen Strom, eine Wolke oder einen Dunst

11 Tatsächlich stehen das Oszillationssystem und bestimmte Resonanzschaltkreise des Gehirns mit dem Atemzentrum, -rhythmus und -bewusstsein in einem sehr engen Zusammenhang (Tiller 1996, Siegel 2007).

von dunkler und düsterer, grauer und trüber, schwerer und dumpfer, insgesamt also negativer Energie, der mit dem Ausatemstrom von der mit dem jetzt offenen Nasenloch korrespondierenden (gegenüberliegenden) Großhirn-Hemisphäre entweicht.

- Damit beginnt der Zyklus wieder von vorne: Der nächste Einatem erfolgt durch dasselbe Nasenloch, durch das Sie eben ausgeatmet haben, einhergehend wiederum mit einem Zustrom an positiver Energie in die korrespondierende Hemisphäre. Und so weiter...

Beenden Sie diese Übung, indem Sie sich ganz allmählich bewegen, strecken und räkeln. Es könnte sich hier aber auch die nächste Übung zur Zentrierung im Tempel des Lichts anschließen.

Da der Zusammenhang zwischen offenem, atemaktivem Nasenloch und involvierter Hirn-Hemisphäre kontralateral, also über Kreuz ist, erfordert die Wechselatmung in Verbindung mit dieser Visualisierung Ihre ganze Konzentration. Eine mögliche Hilfestellung hierbei ist die folgende: Immer ist diejenige Hemisphäre gerade angesprochen, die auf derselben Seite der Nase liegt wie der Finger, der das Nasenloch zuhält – dieser Finger zeigt förmlich auf die entsprechende Hemisphäre! Deshalb ist es hilfreich, den jeweils untätigen Finger abzuwinkeln oder einzurollen (siehe Abb. 25a/c). In der Atempause zwischen Ein- und Ausatem, wenn beide Nasenlöcher zugehalten werden, sind dementsprechend beide Hirnhemisphären involviert: Tatsächlich erfolgt in der Atempause ja die Übertragung der positiven Energie von der einen Gehirnhälfte hinüber zur anderen!

Beachten Sie, dass der Ausatem immer mit einem Entweichen von negativer Energie einhergeht und der Einatem immer mit einem Zustrom an positiver Energie. Merken Sie sich also folgende Assoziationen:

- *negativ* ← →**Aus**
- *positiv* ← → **Ein**

Achten Sie bei allen Schritten dieser Wechselatmung auf Ihre Empfindungen im gesamten Kopf- und Hirnraum: Können Sie spüren, wie bereits die bloße „Beatmung" der Großhirn-Hemisphären eine subtile Anregung und Aufladung derselben bewirkt? Können Sie nochmals im Unterschied dazu die lichtvolle und leichte Qualität wahrnehmen, wenn durch die Visualisierung die Lenkung des Atem- und Gedankenstroms noch dazukommt?

Ü 15: Selbststützende Überzeugungen

An dieser Stelle ist es hilfreich, sich einmal dem Selbstwertgefühl und dem Selbst(bewusst)sein förderliche und sie stabilisierende Leitsätze zu vergegenwärtigen. Einige haben Sie ja bereits bei den Übungen zum Selbstwertgefühl kennen gelernt. Auch manche Aphorismen vieler Dichter und Denker und anderer weiser Personen der Menschheitsgeschichte (siehe hierzu auch die den Abschnitten vorangestellten Zitate in diesem Buch) geben Anregungen für selbststützende Leitsätze. Beispiele hierfür sind:

a) zum vitalen Daseins- und Selbstgefühl

- Ich bin willkommen auf/in dieser Welt. Auch für mich ist Platz in dieser Welt.
- Das Leben ist lebenswert, so wie es ist (siehe Roseggers „Das Dasein ist köstlich").
- Ich habe den Mut und das Recht, mein eigenes Leben zu führen.
- Ich bin Leben, das leben will, inmitten von Leben, das leben will (Albert Schweitzer). → Dieses Leben ist mein Leben und ich bin dafür da, es zu leben.
- Ich bin selbst verantwortlich für mein Dasein, das heißt für die Erfüllung meiner Anliegen und Bedürfnisse, Wünsche und Ziele, Entscheidungen und Handlungen.

b) zum bezogenen Selbstgefühl

(Anmerkung: Es liegt in der Natur des bezogenen Selbstgefühls, dass dessen Leitsätze dialogisch und zweiseitig – verbunden durch ein „und" – formuliert sind)

- Liebe deinen Nächsten wie/und dich selbst (AT) → Ich liebe, achte und ehre mich ***und*** dich, so wie es dir ***und*** mir gebührt.
- Ich bin es wert, zu lieben ***und*** geliebt zu werden (ich bin liebenswert, so, wie ich bin).
- Ich bin es wert, dass man mit mir in Kontakt/Beziehung ist. Aber ich bin nicht dafür da, es allen recht zu machen!

c) zum reinen Selbst(bewusst)sein

- So wie ich hier und jetzt bin, kann ich kein anderer sein, als der ich bin – und das ist in Ordnung.
- Ich bin jemand Besonderes (und du auch), das ist nichts Besonderes.
- Ich glaube an mich und kann mir selbst vertrauen.
- Ich darf glücklich und zufrieden sein.
- Ich bin nicht in Besitz einer anderen Person. Keine andere Person hat Verfügungsgewalt über mich und kann mir vorschreiben, ***wie*** ich zu leben habe!
- Solange ich nach bestem Wissen und Gewissen handle, habe ich das Recht, Fehler zu machen und mich zu irren.

Diese Beispiele sind lediglich als Anregung gedacht. Formulieren Sie bitte selbst entsprechend Ihrer persönlichen Situation Ihre eigenen selbststützenden Leitsätze. Auch in meiner psychotherapeutischen Arbeit versuchen wir immer wieder, gemeinsam für den Patienten stimmige, selbststützende Überzeugungen zu finden und zu formulieren. Dabei geht es nicht darum, die negativen mentalen Inhalte einfach nur durch positive zu ersetzen, indem man sich diese einredet. Es geht vielmehr darum, diese Sätze zu ***reflektieren***, sie sozusagen wiederzukäuen und sich im Mund zergehen zu lassen – in der christlichen Spiritualität nennt man das „ruminatio“ –, um zu prüfen, ob sie schmecken und assimilierbar sind, das heißt, ob Sie dem zustimmen können oder nicht. Erst durch diesen Prozess der „***Be***zeugung“ werden diese Leitsätze selbststützende ***Über***zeugungen. Echte, haltgebende Überzeugungen sind also eher eine Frucht von Selbstreflexion und Kontemplation als der Fremd- und Autosuggestion! Wenn allerdings die oben genannten Sätze bei Ihnen große emotionale Widerstände erzeugen oder Ihre negativen Leitsätze sich als übermächtig erweisen sollten, empfehle ich Ihnen, psychotherapeutische Hilfe in Anspruch zu nehmen.

In der Übung zur „Entleerung unseres Bewusstseins“ haben wir versucht, vom reflexiven Selbstbewusstsein, das mit Inhalten beschäftigt und mit Repräsentanzen aller Art bevölkert ist, zum reinen Selbstbewusstsein zu gelangen, das letztlich inhaltslos, „leer“ ist, und darin (kon)zentriert zu verweilen. Dies greifen auch die folgenden Übungen noch einmal auf.

Ü 16: Licht und leicht, hell und klar

Sitzen Sie wieder aufrecht und legen Sie Ihre Hände in den Schoß oder auf den Oberschenkeln ab. Versuchen Sie sich Ihr Körperlot zu vergegenwärtigen und dieses als vertikale Verbindungslinie vom Scheitelpunkt zum Beckenboden zu imaginieren. Der Scheitelpunkt liegt auf dem Schädeldach auf einer gedachten Verbindungslinie zwischen den Oberkanten der beiden Ohren im Schnittpunkt mit der Körpermittellinie.

Wandern Sie mit Ihrer Aufmerksamkeit entweder vom so genannten dritten Auge vorne, einer kleinen Mulde zwischen den Augenbrauen oberhalb des Nasenbeins, nach hinten oder aber vom Scheitelpunkt hinunter und mitten hinein in Ihren Kopfraum. Schauen Sie mit Ihrem „inneren Auge“ so in Richtung Ihrer Kopfmitte, wie Sie in einen strahlend blauen, wolkenlosen Himmel schauen: Obwohl Ihr Blick eine Richtung hat, ist er auf nichts Bestimmtes, vor allem auf nichts Gegenständliches gerichtet. Es ist eher der Blick in eine unendliche, helle und klare Weite und Tiefe. Wenn diese bildlose Übungsweise Ihnen zu schwierig ist, können Sie ein Licht ***visualisieren,*** das Ihren gesamten Kopfraum gleichmäßig ausleuchtet. Stellen Sie sich ein helles und klares, weiches und reines, ja transparentes Licht vor. Anders als bei der Zentrierung im Tempel der Liebe ist dieses Mal nicht der Aspekt der Quelle und Ausstrahlung relevant, sondern sozusagen die Qualität des Lichts selbst: von ***licht und leicht, hell und klar***. Sie können deshalb in Verbindung mit dem Einatem sich die Formel „licht und leicht“ und in Verbindung mit dem Ausatem „hell und klar“ sagen (nach wie vor gilt, dass Sie „es atmen lassen“, also keine Atemübung machen!). Lassen Sie das Licht sich ausweiten, bis es Sie ganz, Körper und Geist, Leib und Seele, ***erfüllt und umhüllt***.

Sie können sich auch eine Brücke vom bildhaften Visualisieren zum bildlosen Schauen bauen, indem Sie zunächst Ihre Schädeldecke sozusagen als Firmament, als einen klaren und hellblauen, völlig wolkenlosen Himmel visualisieren, in den Sie schauen, ohne etwas Bestimmtes sehen zu wollen oder zu fixieren. Auch der imaginierte Blick in die unendliche Tiefe und Weite des Universums bei einem sternenklaren Nachthimmel ist eine interessante Variante dieser Übung. Wenn es schon sehr lange zurückliegt, als Sie das letzte Mal in einen wolkenlos klaren, blauen Taghimmel oder in einen wolkenlosen und sternenklaren Nachthimmel geschaut haben, dann tun Sie das bitte wieder einmal.

Kehren Sie immer wieder zurück zur bildlosen Form dieser Übung. Unter Umständen scheint irgendwann spontan (also von selbst, nicht vorsätzlich visualisiert!) und sporadisch (also gelegentlich) ein inneres, transparentes Licht, eine Helligkeit und Klarheit auf. Dass dies nur gelegentlich und unwillkürlich geschieht, verweist darauf, dass ein solcher luzider Bewusstseinszustand („Erleuchtung“) sich nicht willkürlich und willentlich herstellen lässt!

Klarheit des Bewusstseins setzt eine gewisse innere Stille voraus, und umgekehrt begünstigt innere Stille einen klaren Bewusstseinszustand. Eine ergänzende Übungsvariante ist deshalb die folgende:

Ü 17: In die innere Stille lauschen

Wann waren Sie das letzte Mal weit ab von jeglichem Zivilisationslärm in der Stille der abgelegenen, freien Natur? Kennen Sie diesen Zustand, der sich einstellt, wenn man in diese Stille hineinlauscht? Falls nicht, probieren Sie es einmal aus. Auch in sich selbst kann man jenseits des „Gedankenlärms“ diese Stille finden. Darum geht es in der folgenden Übung:

Sitzen Sie wieder aufrecht und legen Sie Ihre Hände in den Schoß oder auf den Oberschenkeln ab. Zentrieren Sie sich im Tempel des Lichts, wie eben beschrieben. Dann ***lauschen*** Sie in die Stille Ihres Kopf- und Bewusstseinsraumes hinein und versuchen diese innere Stille zu hören. Zunächst werden Sie ein eher chaotisches und unmelodisches, vielleicht sogar lärmendes Rauschen im Kopf wahrnehmen. Dies ist das Eigenrauschen des Gehörsinns und Ihrer gesamten Hirnaktivitäten, vergleichbar der chaotischen Vielfalt von Tönen eines Orchesters beim Einstimmen der Instrumente vor der Aufführung. Dieses Rauschen wird irgendwann allmählich weniger und abklingen. Vielleicht hören Sie dann sporadisch und spontan (also gelegentlich und nicht vorsätzlich) einen inneren Ton. Dieser Ton kann ein eher heller und hoher Ton, aber dennoch kein schriller Pfeifton wie beim Tinnitus sein. Oder es ist eher ein dunkler und tiefer Ton wie ein brummender Summton oder wie das „Om (Aum)“ buddhistischer Mönche (aber bitte nicht vorsätzlich innerlich summen oder tönen). Im Gegensatz zum eben erwähnten Eigenrauschen des Gehirns klingt dieser Ton auf jeden Fall harmonisch und gleichmäßig. Er ist Ausdruck dessen, dass das Orchester in Ihrem Gehirn (Bewusstseinsraum) sich auf einen Grundton geeinigt und eingestimmt hat (was sich übrigens tatsächlich in einem entsprechenden Wellentypus und einer gewissen Synchronisation der Hirnwellen im EEG nachweisen lässt). Versuchen Sie jetzt darüber hinaus die Stille ***hinter*** diesem Ton wahrzunehmen…

Wir können somit zwei Arten von Selbstbewusstsein unterscheiden:

- Ein existentielles, ***reflektierendes Selbstbewusstsein***, das letztlich auf die Welt ausgerichtet ist und es mir ermöglicht, Orientierung und Halt in der Welt zu finden. Das ist das gängige, sowohl umgangssprachliche als auch wissenschaftliche Verständnis von Selbstbewusstsein, wie es in Begriffen wie Selbstmanagement, Selbstbehauptung und Selbstwirksamkeit zum Ausdruck kommt.

- Ein essentielles, ***reines Selbstbewusstsein***, das in mir selbst, meinem „wahren Selbst (Wesen)“ oder Selbstsein zentriert ist und es mir ermöglicht, Orientierung und Halt in mir selbst zu finden.[12]

Bereits der deutsche Philosoph Fichte wies darauf hin, dass das Selbstbewusstsein letztlich nicht auf Reflexion gründet. Das lässt sich an Hand der Spiegelungsmetapher für Reflexion verdeutlichen. Wie Forschungen zeigten, stellt das Sich-selbst-Wiedererkennen im eigenen Spiegelbild in der Identitätsentwicklung des Kindes einen wichtigen Schritt dar. Aber um sich im Spiegelbild wiederzuerkennen, muss es bereits irgendwie mit sich vertraut sein, irgendein Bewusstsein seiner selbst vor jeglicher Spiegelung besitzen. Das Sicherkennen im Spiegelbild gründet wohl in jener Vertrautheit mit sich selbst, die auf der reflexiven Sinnlichkeit (Waldenfels 2000) und der affektiven Betroffenheit (Schmitz 1998) beruht, welche durch die

12 Ähnlich unterschied Rollo May zwischen essentieller und existentieller Freiheit (1985, 70). Essentielle Freiheit sei die „Freiheit des Seins“. Diese Freiheit sei im Wesentlichen ein innerer Zustand, eine Art „geheime, verborgene Stelle“, an die niemand von außen herankomme, nur ich selbst. Sie gibt dem Individuum ein Gefühl des Seins, des Selbstseins, dort erlebt es seine eigentliche Autonomie und Identität (Wesensidentität). Diese im Selbstsein zentrierte essentielle Freiheit sei als Kern unseres (Über-)Lebens als Mensch absolut unentbehrlich (zum Beispiel bei Traumatisierungen). Sie sei die Ursprungsebene der existentiellen Freiheit, der Freiheit des Handelns, wie sie in unserem täglichen Leben zum Beispiel als Wahl- und Entscheidungsfreiheit, Initiative und Verantwortung in Erscheinung trete.

Interaktionen mit der primären Bezugsperson angeregt werden. Man könnte deshalb hier von einem ***prä***reflexiven Selbstbewusstsein sprechen, also einem vorreflexiven Bewusstsein seiner selbst, das (noch) nicht das Bewusstsein eines „Ich" ist. Dies wäre eine entwicklungsgeschichtliche Betrachtungs- und Begründungsweise. Was jedoch, wenn es sich letztlich um eine ***ir***reflexive und ***trans***reflexive Form des Bewusstseins, also ein Bewusstsein seiner selbst jenseits eines reflektierenden und ich-zentrierten Bewusstseins handelte?

Dieses reine Selbstbewusstsein zeichnet sich nach dem Philosophen Manfred Frank (1991) durch Merkmale aus, die man auch in der zen-buddhistischen Tradition wiederfindet: Es ist ***essentiell***, ***ursprünglich*** und ***unmittelbar***. Essentiell heißt „wesenhaft", das heißt, ohne dieses Selbstbewusstsein gäbe es kein Subjekt. Es ist unser ursprünglicher und unmittelbarster Zustand; der Zen-Buddhismus spricht hier von „Honshin", einem Ursprungs-Bewusstsein, das sich nie vollständig mit der Welt verbindet, sondern bis zu einem gewissen Grad stets „es selbst" bleibt, „ungebunden" und „still" im Hintergrund des Alltagsbewusstseins. Es ist trans- oder irreflexiv, also jenseits von etwas oder von expliziter Reflexion über etwas (zen-buddhistisch „Munen Musô"); dementsprechend ist es auch nicht-begrifflich. Es ist nicht-gegenständlich und vor oder jenseits der Subjekt-Objekt-Spaltung, also reines Inne-Sein. Dementsprechend ist es auch nicht ichhaft und nicht-intentional, weder auf ein Ich noch auf sonst etwas bezogen (zen-buddhistisch „Muga"). Es ist eine Art leerer, indifferenter und schöpferischer Raum, bar jeglicher Inhalte (zen-buddhistisch „Mushin"). Dieses reine Selbstbewusstsein ist wie ein großes, leeres Gefäß, das alle Erfahrungen und Erlebnisse annimmt, aufnimmt und in sich abbildet.

Da der unmittelbare Zugang zum reinen Selbstbewusstsein im Allgemeinen recht schwierig ist, hilft zum Beispiel der Einstieg über das Tönen. Darauf beruht ja auch die Mantra-Praxis, die es in ähnlicher Form in allen spirituellen Traditionen und in allen Religionen gibt. Zugleich folgt das Tönen oder Singen von Mantras dem bereits erwähnten buddhistischen Grundsatz, dass essentielles Selbstsein und existentielles Dasein sich gegenseitig durchdringen.

Ü 18: Den Vornamen tönen

Die Silbe „Man“ in dem Sanskritwort Mantra bedeutet so viel wie „Rat, Botschaft, Wort, denken“ – gemeint ist damit der semantische oder Bedeutungsaspekt des Mantras. Die Silbe „tra“ bedeutet so viel wie „Werkzeug“ zur Befreiung von Verhaftung (unter anderem auch von der Verhaftung an den Bedeutungsaspekt). Die Bedeutung von Mantras ist also für deren Wirkung zweitrangig, denn die Basis der Mantra-Praxis ist das Tönen einzelner Laute oder Lautkombinationen, und das Tönen an sich hat seine Wirkung: Es versetzt uns in Schwingung, erzeugt Resonanz. Die japanisch-schintoistische Form des Mantra-Tönens heißt „Kotodama“, das heißt so viel wie „Schwingung der Seele“. Verschiedene Vokale und Tonhöhen bringen nämlich schwerpunktmäßig verschiedene Leibesräume in Schwingung, die Atmung wird angeregt und mühelos vertieft, und die Tonschwingungen erreichen auch die tieferliegenden Nervenzellen, Drüsen und inneren Organe. Die spezifische Wirkung hängt dabei von der Lautstärke und Tonhöhe ab: Man kann die Vokale kurz und kräftig schreien (wie in den fernöstlichen Kampfkünsten), in normaler Lautstärke sprechen, tönen und singen, man kann sie hauchen, zischen und summen oder aber subvokal, also nur mental verwenden. Für den Anfänger empfiehlt sich das Tönen oder Singen von Vokalen, weil man hierbei am deutlichsten die Wirkung mit- und nachempfinden kann, weshalb ich im Folgenden nur auf diese Übungsweise näher eingehe.

1. Schritt: Vokale tönen

Tönen Sie einen der drei folgenden Vokale oder nacheinander alle drei in mittlerer Lautstärke jeweils bis zu fünf Minuten: den Vokal **„A“** mit mittlerer Tonhöhe, den Vokal **„U“** mit tiefer Tonlage und den Vokal **„I“** mit höherer Tonlage. Tönen Sie nicht nur monoton, sondern lassen Sie den jeweiligen Ton auch mal melodisch an- und abschwellen.

Wenn Sie danach mit dem Tönen aufhören, werden Sie bemerken, dass es eine Tendenz gibt, subvokal, also stimmlos innerlich weiterzutönen. Versuchen Sie auch das subvokale Tönen einzustellen und stattdessen nur noch dem inneren Klang und der Schwingung des Tones nachzulauschen und nachzuspüren. Warten Sie, bis auch das allmählich ausklingt, und lauschen Sie dann in die innere Stille hinein (siehe Übung 17).

Zur Erläuterung dieser Übung:

Der Vokal **„A“** hat eine mittlere Schwingungswelle und sollte mit mittlerer Tonlage getönt werden. Er steht dem natürlichen Atem am nächsten, macht den Brust- und Kehlraum ***weit und weich***, wirkt also öffnend und befreiend auf den Herz-Atem-Raum. Achten Sie deshalb darauf, dass Ihre Kehle, Rachenraum und Mund weit auf sind (Eselsbrücke: **A** wie „**a**uf“ oder „n**a**ch **a**ußen“) und dass der Resonanzraum dieses Tons Ihr Brustkorb ist, denn dort fühlen Sie die Schwingungen dieses Tons. Der A-Laut fördert somit die Zentrierung im Tempel der Liebe und das bezogene Selbstgefühl des Menschen.

Der Vokal **„U“** hat die längste Schwingungswelle und verlangt förmlich, in tiefer Tonlage getönt zu werden. Er steht der Bauchatmung am nächsten, vertieft den Atemraum ***tief und breit*** nach unten und hat etwas Tragendes und Rundes an sich. Achten Sie deshalb darauf, dass Ihr Beckenboden und Unterbauch entspannt sind, damit Sie tief im Unterleib eine Resonanz spüren können (Eselsbrücke: **U** wie „**u**nten“). Der U-Laut fördert somit die Zentrierung im Tempel des Lebens und das vitale Daseins- und Selbstgefühl des Menschen.

Der Vokal **„I“** hat die kürzeste Schwingungswelle von den bisher genannten Vokalen und verlangt förmlich danach, mit höherer Tonlage getönt zu werden. Er versetzt das Gaumenzäpfchen und die Schädelhöhlen in Schwingung, wirkt demnach nach innen und in die Höhe (Eselsbrücke: **I** wie „**i**nnen“ oder „**i**n s**i**ch“) und hat etwas ***Lichtes und Leichtes, Helles und Klares***. Der I-Laut fördert somit die Zentrierung im Tempel des Lichts und die Bewusstseinsklarheit des Menschen.

Später, wenn Sie mit der Wirkungsqualität dieser Vokale etwas vertraut sind, können Sie die Laute „E“ und „O“ noch hinzunehmen und dann alle Vokale beliebig kombinieren. So entstanden wohl Mantras, und so gesehen stellen auch viele Kinderlieder Mantras dar: Sie enthalten bei einer relativ einfachen Melodie eine gewisse Konzentration auf bestimmte Vokale sowie eine relativ einfache Kombination von Vokalen, wie zum Beispiel das Liedchen „s**u**mm, s**u**mm, s**u**mm, B**i**enchen s**u**mm her**u**m…“.

2. Schritt: Seinen Vornamen tönen

Eine interessante Fortführung dieser Übung besteht darin, seinen eigenen Vornamen zu tönen. Wie würden Sie Ihren Vornamen intonieren? Probieren, experimentieren und variieren Sie. Und wie ist das, sowohl beim vokalen Tönen als auch beim subvokalen Nachlauschen einmal ganz bewusst auf die Laute und den Klangteppich seines Vornamens zu lauschen?

Viele Menschen haben ein Missverhältnis, manche eine zum Teil leidvolle Geschichte mit ihrem eigenen Vornamen, entweder weil dieser verunstaltet wurde oder weil er, lebensgeschichtlich bedingt, mit einer bestimmten Intonation und Konnotation verknüpft ist, indem er vorzugsweise in einem vorwurfsvollen oder abwertenden, ablehnenden oder verächtlichen Ton ausgesprochen wurde. Wenn beim Tönen Ihres Namens entsprechende Erinnerungen und Gefühle auftauchen, tönen Sie weiter – tönen Sie sich sozusagen durch diese emotionale Besetzung hindurch hin zum reinen Klang Ihres Vornamens. Denn letztlich ist jeder Name ein Mantra: Er hat eine Bedeutung, und darüber können Sie sich in einem Buch über die Herkunft von Vornamen informieren und reflektieren. Darüber hinaus hat er eine Schwingung, eine Klanggestalt, über die zu reflektieren sich nicht lohnt; stattdessen empfiehlt es sich, sich davon in die Sphäre des reinen Selbstbewusstseins tragen zu lassen. In diesem Sinne ist auch Dürckheim zu verstehen, wenn er sagte, die entscheidende Frage der Selbstwerdung des Menschen sei, wie der ***Winfried*** durch den ***Wagner*** hindurchkomme, hindurchtönt (setzen Sie für meinen Vor- und Nachnamen den Ihrigen)!? Schließlich findet man bereits im Neuen Testament den Hinweis, dass wir bei unserem Namen gerufen sind![13] In vielen so genannten primitiven Kulturen erhielt man beim Übergang von einem Lebensabschnitt in einen anderen einen anderen Namen; desgleichen in vielen spirituellen Traditionen im Zuge der Initiation. In diesem Sinne ist wohl auch die Namensgebung im Taufritus zu verstehen. Leider sind heutzutage viele Eltern bei der Auswahl der Vornamen ihrer Kinder diesbezüglich recht oberflächlich und unbewusst; sie orientieren sich

13 Unser Name spiegelt demnach eine essentielle Schwingung unserer Seele wider, und durch unsere Persönlichkeit würde etwas Wesentliches „hindurchtönen“ (lateinisch „personare“). Das Wort Person kommt vom etruskischen „phersu-na“, das heißt der/die „Maskentragende“. Damit wurde eine Erd- und Unterwelt-Gottheit bezeichnet, die auf Grabbildern und im rituellen Leichenspiel stets mit einer Maske dargestellt wurde, durch welche die Stimme des Maskenträgers hindurchtönte. In diesem Sinne meint Personalität also etwas Wesentliches hinter der Erscheinung (Maske oder Rolle, lateinisch „persona“), durch die das Wesentliche hindurchtönt oder -scheint (siehe auch die Ausführungen zum wahren Selbst).

bei der Namensgebung mehr am Trend oder an der Exotik (beides entspricht dem Zeitgeist) statt am Kind selbst oder an ihren Hoffnungen und Wünschen für das Kind.

Danksagung

Die Entstehung dieses Buches ist ein Beispiel dafür, dass Produktivität sowohl der Selbststützung als auch der Unterstützung durch andere bedarf. Deshalb möchte ich mich an dieser Stelle bei all denjenigen bedanken, die unmittelbar oder mittelbar zum Entstehen dieses Buches beigetragen haben. Das sind zunächst einmal alle meine Schüler und Schülerinnen in der Aiki-Methode sowie alle Suchenden und Leidenden, die ich ein Stück ihres Weges begleiten und unterstützen durfte. Durch ihre Bereitschaft, sich auf meine Übungsvorschläge einzulassen, und durch ihre Rückmeldungen gaben sie mir immer wieder Anregungen zur kritischen Reflexion der Übungen und Anpassung an ihre persönliche Situation. Das wiederum hat mir ein tieferes Verständnis für das Potential dieser Übungen eröffnet. Mein besonderer Dank gilt all denjenigen, die den Mut hatten, durch ihre Träume und Körperselbstbilder sich ein Stück zu offenbaren. Des weiteren möchte ich meinem Freund und Kollegen Hans-Jörg Süß, dem Lektor des Verlages Via Nova, Günter Bien, sowie Wolf Schneider dafür danken, dass sie sich die Mühe gemacht haben, das Manuskript ganz oder teilweise Korrektur zu lesen. Sie haben mir wertvolle Rückmeldungen zur Überarbeitung gegeben. Und schließlich gilt mein Dank Anette Dorsch, die sich für die Fotoaufnahmen zur Verfügung gestellt hat.

Literaturverzeichnis

Almaas, Ali Hameed: ***Essenz. Der diamantene Weg zur inneren Verwirklichung***. Arbor, Freiamt 1997

André, Christophe & Lelord, Francois: ***Die Kunst der Selbstachtung***. Aufbau, Berlin 2008, 3. Auflage

Assagioli, Roberto: ***Handbuch der Psychosynthese. Angewandte transpersonale Psychologie***. Aurum, Freiburg 1978

Baumeister, Roy F. / Smart, L. & Boden, J.M.: ***Relation of Threatened Egotism to Violence and Aggression: The Dark Side of High Self-Esteem***. In: Psychological Review 103/1, 5-33, 1996

Blechschmidt, Erich: ***Anatomie und Ontogenese des Menschen***. Quelle & Meyer, Heidelberg 1978

Böhme, Gernot: ***Anthropologie in pragmatischer Hinsicht***. Suhrkamp, Frankfurt 1994, 5. Auflage

Bollnow, Otto Friedrich: ***Vom Geist des Übens***. Herder, Freiburg 1978

Bottenberg, Ernst H. & Daßler, Henning: ***Einführung in die Emotionspsychologie***. Roderer, Regensburg 2002 2. Auflage

Boyesen, Gerda & Mona-Lisa: ***Biodynamik des Lebens. Grundlagen der biodynamischen Psychologie***. Synthesis, Essen 1987

Bushman, Brad J. & Baumeister, Roy F.: ***Threatened Egotism, Narcissism, Self-Esteem, and Direct and Displaced Aggression: Does Self-Love or Self-Hate Lead to Violence?*** In: Journal of Personality and Social Psychology Vol. 75, Nr. 1, 219-229, 1998

Campbell, Joseph: ***Der Heros in tausend Gestalten***. Insel, Frankfurt a/M 1999

Childre, Doc & McCaty, Rollin: ***Psychophysiological Correlates of Spiritual Experience***. In: Biofeedback (Magazin der Association of Applied Psychophysiology And Biofeedback, AAPB), Vol 29, No. 4, 14 – 18, 2001

Damasio, Antonio R.: ***Ich fühle, also bin ich. Die Entschlüsselung des Bewusstseins***. List, Berlin 2007 7. Auflage

Deshimaru, Taisen: ***Sandokai. Die Einheit von Essenz und Erscheinung***. Kristkeitz, Berlin 1980

Dressler-Bellmund, Monika & Willach-Holzapfel, Anna: ***Behandlung von Posttraumatischen Belastungsstörungen***. In: Thielen, Manfred (Hrsg.) Körper – Gefühl – Denken. Körperpsychotherapie und Selbstregulation, 287-298. Psychosozial, Gießen 2009

Dürckheim, Karlfried Graf von: ***Untersuchungen zum gelebten Raum***. In: Neue

Psychologische Studien des Forschungsinstituts für Psychologie Leipzig (Hrsg. F. Krüger) Bd. 6/4, 383 – 480. München 1932
- ***Hara. Die Erdmitte des Menschen***. O.W. Barth, Weilheim 1970 4. Auflage
- ***Zen und wir***. Fischer Taschenbuch, Frankfurt a/M 1974
- ***Meditieren – wozu und wie?*** Herder, Freiburg-Basel-Wien 1974
- ***Erlebnis und Wandlung***. Scherz, Bern-München-Wien 1978
- ***Der Alltag als Übung***. Huber, Bern-Stuttgart-Wien 1983 7. Auflage
- ***Von der Erfahrung der Transzendenz***. Herder, Freiburg-Basel-Wien 1993

Frambach, Ludwig: ***Identität und Befreiung in Gestalttherapie, Zen und christlicher Spiritualität***. Via Nova, Petersberg 1993

Frank, Manfred: ***Selbstbewusstsein und Selbsterkenntnis***. Reclam, Stuttgart 1991

Fromm, Erich: ***Haben oder Sein. Die seelischen Grundlagen einer neuen Gesellschaft***. DTV, München 1979

Geen, Russell G.: ***Human Aggression***. Pen University Press, Philadelphia 2001 2. Auflage

Gendlin, Eugene T. & Hendricks-Gendlin, Marion N.: ***Das körperliche Empfinden als Grundlage von Körperpsychotherapien***. In. Marlock, Gustl & Weiss, Halko (Hrsg.) Handbuch der Körperpsychotherapie, 264-272. Schattauer, Stuttgart 2006

Gershon, Michael: ***Der kluge Bauch. Die Entdeckung des zweiten Gehirns***. Goldmann, München 2001

Geuter, Ulfried: ***Emotionsregulation und Emotionserkundung in der Körpertherapie***. In:

Thielen, M. (Hrsg.) Körper – Gefühl – Denken. Körperpsychotherapie und Selbstregulation, 69-94. Psychosozial, Gießen (2009)

Gibran, Khalil: Der Prophet. Walter, Olten 1988 23. Auflage

Glaser, Volkmar: ***Eutonie. Das Verhaltensmuster des menschlichen Wohlbefindens***. Haug, Heidelberg 1981 2. Auflage

Goldstein, Kurt: ***Der Aufbau des Organismus***. Nijhoff, Haag 1934

Gottwald, Christian: ***Neurobiologische und kulturgeschichtliche Gesichtspunkte zur Integration von Aikidoprinzipien in der Psychotherapie und im Coaching***. In: Wagner, Winfried (Hrsg.): Living Aikido: Bewegungs- und Lebenskunst, 135-156. Centaurus, Herbolzheim 2008

Hammer, Leon: ***Psychologie und Chinesische Medizin***. Joy, Sulzberg (2000)

Hartmann, Otto J.: ***Dynamische Morphologie***. Klostermann, Frankfurt a/M. 1959 2. Auflage

Holodynski, Manfred: ***Emotionen – Entwicklung und Regulation***. Springer, Heidelberg 2006

Horney, Karen: ***Neurose und menschliches Wachstum***. Kindler, München 1975 2. Auflage

Jung, Carl Gustav: ***Zivilisation im Übergang***. Gesammelte Werke (GW) 10. Walter, Köln 1974

Kernis, Michael H. / Grannemann, B.D. & Barclay, L.C.: ***Stability and Level of Self-Esteem as Predictors of Anger and Hostility***. In: Journal of Personality and Social Psychology Vol. 56, Nr. 6, 1013-1022, 1989

Khaled Hosseini: ***Tausend strahlende Sonnen***. BvT, Berlin 2009

Kierkegaard, Sören: ***Der Begriff der Angst. Die Krankheit zum Tode***. Marix, Wiesbaden 2006 2. Auflage

Kodo Sawaki: ***Zen ist die größte Lüge aller Zeiten***. Angkor, Frankfurt 2005

Kuhl, Julius: ***Motivation und Persönlichkeit. Interaktionen psychischer Systeme***. Hogrefe, Göttingen 2001

Lao-Tse: ***Tao-Tê-King***. Nach der Übersetzung von Günther Debon. Reclam, Stuttgart 1961

Lesmeister, Roman: ***Die Idee vom wahren Selbst. Zur Dialektik von Eigenem und Fremdem in psychoanalytischen Selbst- und Individuationskonzepten***. In: Analytische Psychologie. Zeitschrift für Psychotherapie und Psychoanalyse, Heft 145, 37. Jg., Nr. 3/2006, 2006

Linden, Paul: ***Das Lächeln der Freiheit. Selbststärkung und Körperbewusstsein. Ein Leitfaden zur Traumabewältigung***. Arbor, Freiamt 2007

Ludwig-Körner, Christiane: ***Der Selbstbegriff in Psychologie und Psychotherapie: Eine wissenschaftshistorische Untersuchung***. DUV, Wiesbaden 1992

Madert, Karl-K.: ***Trauma und Spiritualität: Wie Heilung gelingt***. Kösel, München 2007

Marcel, Gabriel: ***Leibliche Begegnung***. In: Petzold, Hilarion (Hrsg.) Leiblichkeit. Philosophie, gesellschaftliche und therapeutische Perspektiven, 15 – 46. Junfermann, Paderborn 1985

Maslow, Abraham H.: ***Motivation und Persönlichkeit***. Rowohlt, Hamburg 1981

May, Rollo: ***Sich selbst entdecken. Seinserfahrung in den Grenzen der Welt***. DTV, München 1990

Metzger, Wolfgang: ***Psychologie***. Steinkopff, Darmstadt 1968

Middendorf, Ilse: ***Atem – und seine Bedeutung für die Entwicklung und das Heilsein des Menschen***. In: Petzold, Hilarion (Hrsg.) Die neuen Körpertherapien, 436-451. Junfermann, Paderborn 1977

Mummendey, Hans D.: ***Psychologie des 'Selbst'***. Hogrefe, Göttingen 2006

Nietzsche, Friedrich: ***Also sprach Zarathustra***. De Gruyter, München 1988 2. Auflage
Die fröhliche Wissenschaft. Goldmann, München 1999

Nigg, Walter: ***Große Heilige***. Artemis, Zürich & Stuttgart 1962

Pearsall, Paul: ***Heilung aus dem Herzen***. Goldmann, München 1999

Perls, Frederick S.: ***Gestalt-Therapie in Aktion***. Klett-Cotta, Stuttgart 1979

- ***Gestalt-Therapie. Lebensfreude und Persönlichkeitsentfaltung***. Klett-Cotta, Stuttgart 1979a
- ***Gestalt-Wahrnehmung. Verworfenes und Wiedergefundenes aus meiner Mülltonne***. Flach, Frankfurt a/M 1981

Perls, Laura: ***Leben an der Grenze***. EHP, Köln 1989

Platon: ***Phaidon***. In: Werke in 8 Bänden, Band 3, Hrsg. Gunther Eigler. Wissenschaftliche Buchgesellschaft, Darmstadt 1974

Plessner, Helmut: ***Die Stufen des Organischen und der Mensch***. De Gruyter, Berlin 1975 3. Auflage

Potreck-Rose, Frederike & Jacob, Gitta: ***Selbstzuwendung, Selbstakzeptanz, Selbstvertrauen. Psychotherapeutische Interventionen zum Aufbau von Selbstwertgefühl***. Klett-Cotta, Stuttgart 2007 4. Auflage

Reddemann, Luise: ***Imagination als heilsame Kraft. Zur Behandlung von Traumafolgen…*** Klett-Cotta, Stuttgart 2007

Ritter, Joachim, Gründer, K. & Schwabe, G.v. (Hrsg.) ***Historisches Wörterbuch der Philosophie***. Bd. 9. Schwabe, Basel-Stuttgart 1995;

Schachinger, Helga E.: ***Das Selbst, die Selbsterkenntnis und das Gefühl für den eigenen Wert***. Huber, Bern-Göttingen 2005 2. Auflage

Siegel, Daniel J.: ***Das achtsame Gehirn***. Arbor, Freiamt 2007

Schlegel, Leonhard: ***Die Polarität der Psyche und ihre Integration***. Grundriss der Tiefenpsychologie, Bd. 4. UTB Francke, München 1973

Schmid, Wilhelm: ***Philosophie der Lebenskunst. Eine Grundlegung***. Suhrkamp, Frankfurt a/M 1998

Schmitz, Hermann: ***System der Philosophie***. Bouvier, Bonn 1998 3. Auflage
Bd. 2/1: ***Der Leib***
Bd. 3/1: ***Der leibliche Raum***
Bd. 3/2: ***Der Gefühlsraum***.

Spielberger, Charles D. / Krasner, S.S. & Solomon, E.P.: ***The experience, expression and control of anger***. In: Janisse, Michel P. (Hrsg.) Individual Differences, Stress and Health Psychology, Seite 89-108. Springer, New York 1988

Staemmler, Frank-M. & Staemmler, Barbara: ***Das Ego, der Ärger und die Anhaftung***. In: Staemmler, Frank-M. & Merten, Rolf (Hrsg.): Therapie der Aggression. EHP Kohlhage, Bergisch Gladbach 2008

Straus, Erwin: ***Die aufrechte Haltung. Eine anthropologische Studie***. In: Psychologie der menschlichen Welt, 224 – 235. Springer, Berlin-Göttingen-Heidelberg 1960

Tiller, William A. / McCraty, Rollin & Atkinson, Mike: ***Cardiac Coherence: A New, Noninvasive Measure of Autonomic Nervous System Order***. In: Alternative Therapies, Vol. 2, No. 1, 52 – 65, 1996

Tillich, Paul: ***Der Mut zum Sein***. De Gruyter, Berlin 1991

Votsmeier-Röhr, Achim: ***Selbstregulierung in der Gestalttherapie***. In: Geißler, Peter (Hrsg.) Was ist Selbstregulation? 69 – 92. Psychosozial, Gießen 2004
- ***Das Kontakt-Support-Konzept von Lore Perls und seine Bedeutung für die heutige Gestalttherapie***. www.gestaltpsychotherapie.de, 2005

Wagner, Winfried: ***Zwischen Hirn, Herz und Hara. Grundlagen lebensenergetischer Übungswege und Therapien***. Prolog, Kassel 1994)

- ***Aiki-Do und wir. Atem, Bewegung und spirituelle Entwicklung***. Via Nova, Petersberg 1999
- ***KriegerIn des Lichts, der Liebe und des Lebens. Einführung in die Initiatische Gestalttherapie***. BIS, Oldenburg 2006
- ***Living Aikido: Bewegungs- und Lebenskunst. Aikido-Prinzipien im Lebensalltag, in Beratung und Therapie***. Centaurus, Herbolzheim 2008

Waldenfels, Bernhard: ***Das leibliche Selbst. Vorlesungen zur Phänomenologie des Leibes***. Suhrkamp, Frankfurt 2000

Wardetzki, Bärbel: ***Ohrfeige für die Seele – Wie wir mit Kränkung und Zurückweisung besser umgehen können***. Kösel, München 2000

Weber, Andreas: ***Alles fühlt. Mensch, Natur und die Revolution der Lebenswissenschaften***. Berlin-Verlag, Berlin 2007 4. Auflage

Winnicott, Donald W.: ***Reifungsprozesse und fördernde Umwelt***. Fischer, Frankfurt 1995

Zimmer, Heinrich: ***Der Weg zum Selbst. Leben und Lehre des Shri Ramana Maharshi***. Diederichs, München 1974

Kontaktdaten des Autors:

Winfried Wagner, Dipl.-Psych.
Nußbergstr. 35
97422 Schweinfurt
Tel. 09721/31388
Email: winfried-wagner@aiki-institut.de
Info: www.aiki-institut.de und www.initiatische-gestalttherapie.de

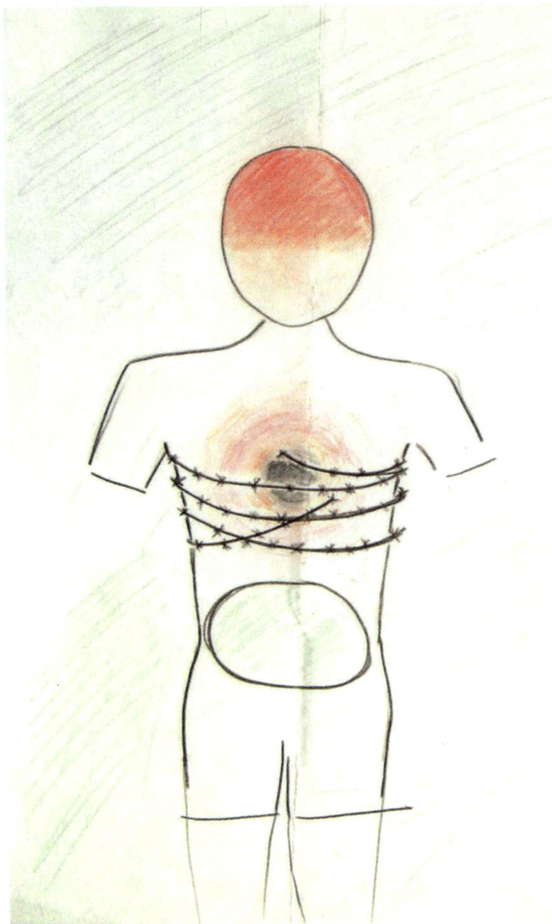

Abb. 4 • Dezentriert sein

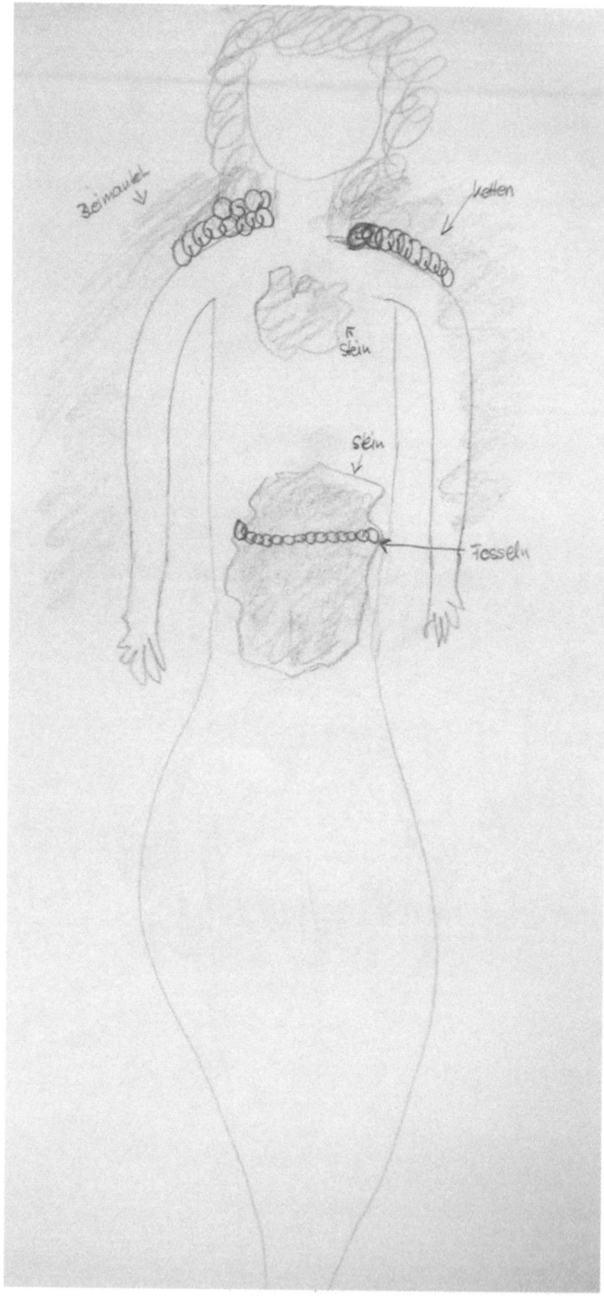

Abb. 12 • Mangelnde Erdung

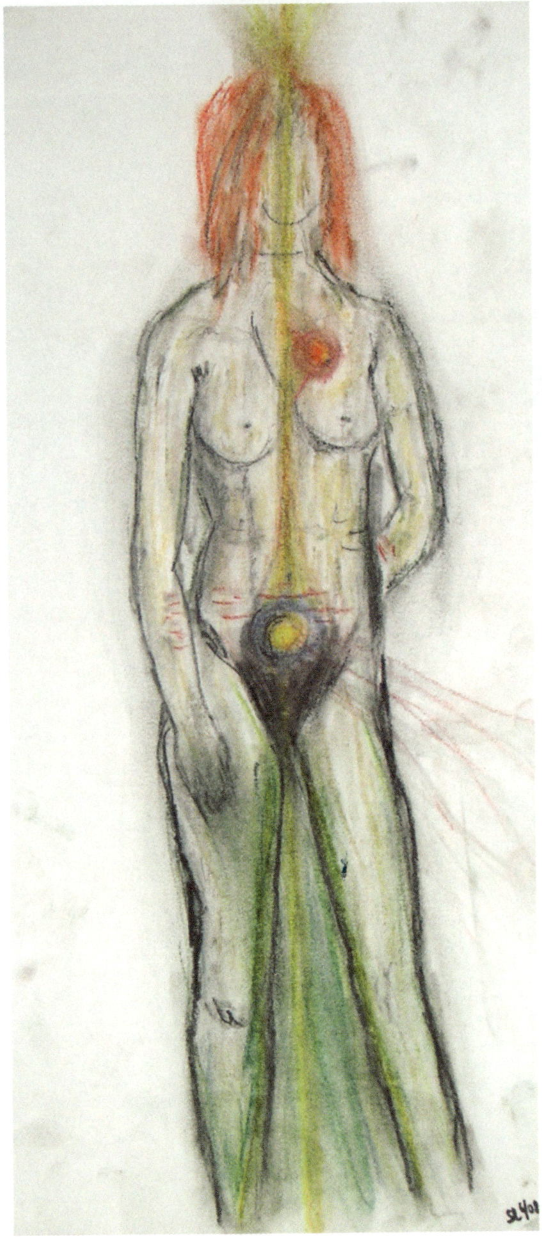

Abb. 15 • Aufweitung, Erdung und Zentrierung

Abb. 17 • Emotionale Verdauung

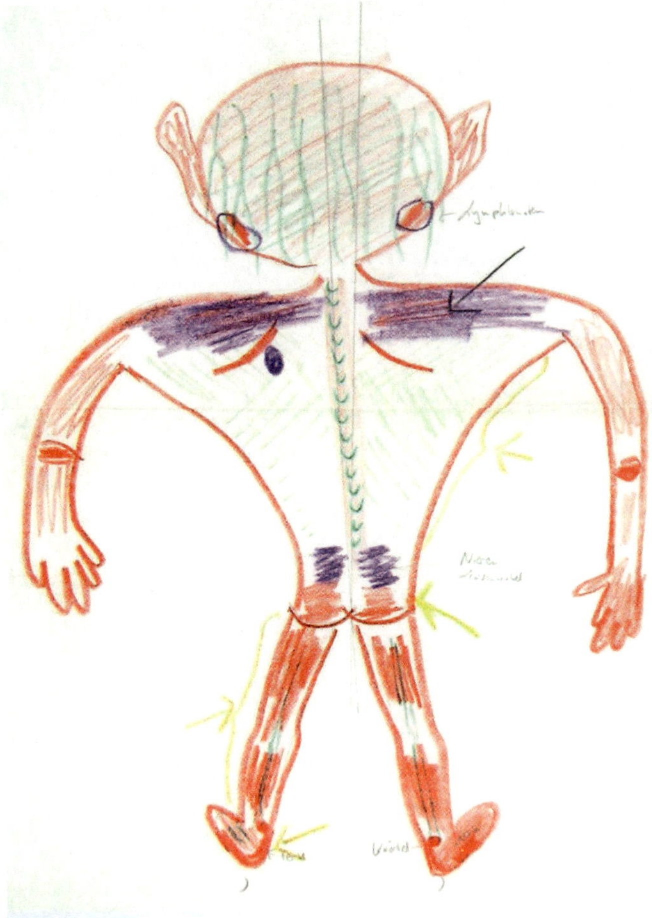

Abb. 18 • Der Leib als Kompensation

Abb. 19 • Strahlendes Herz

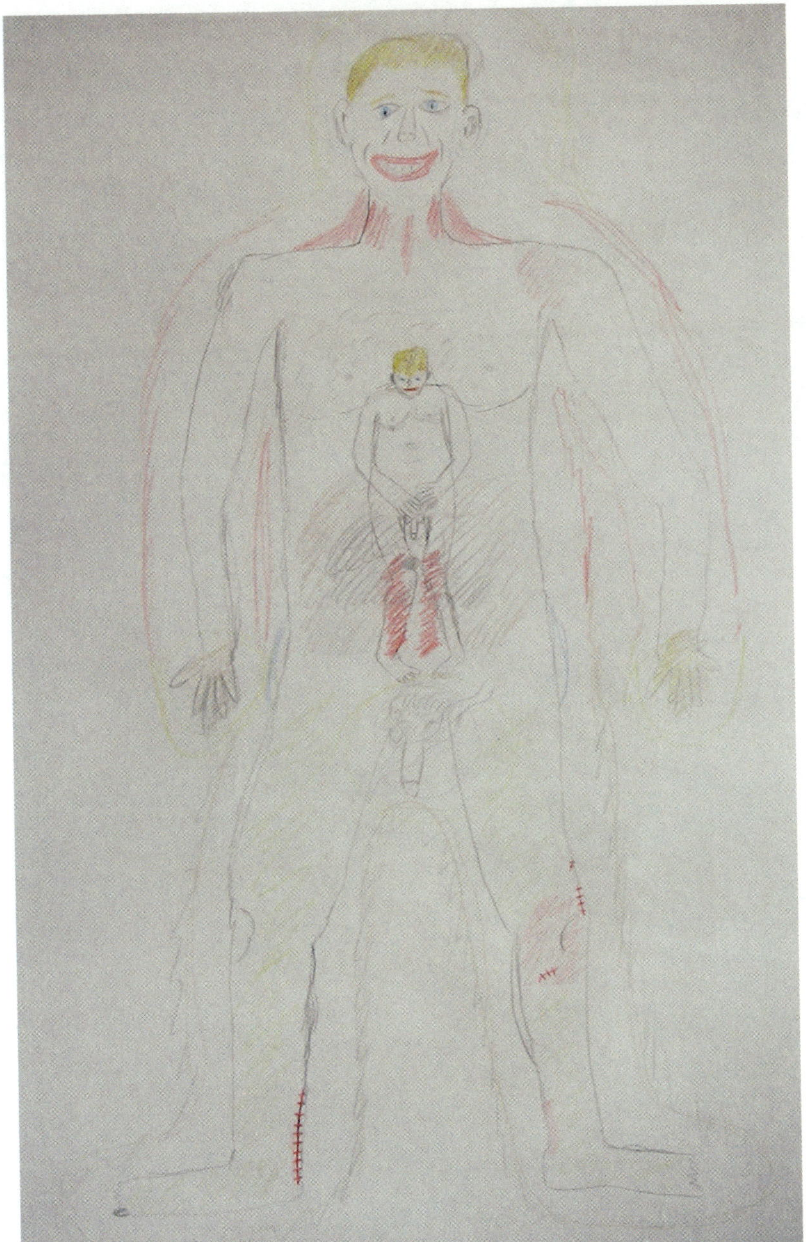

Abb. 21 • Das Selbstbild: Außenansicht (öffentlich) und Innenansicht (privat)

Abb. 22a • Persona

Abb. 22b • Wahres Selbst

Abb. 23 • Der Leib als Tempel des Lichts, der Liebe und des Lebens

Weitere Bücher aus dem Verlag Via Nova:

Heilung beginnt im Herzen

Die inneren Kräfte wecken, um Körper und Seele zu heilen

Chuck Spezzano

2. Auflage

Hardcover, 240 Seiten, ISBN 978-3-86616-140-5

Das neue Buch des bekannten Lebenslehrers Dr. Chuck Spezzano gibt dem Leser grundlegende Prinzipien und Methoden an die Hand, um sich von allen Formen von Krankheit und Schmerz zu befreien. Es ergründet nicht nur die Wurzeln dessen, was Krankheiten und Schmerzen erzeugt, sondern zeigt darüber hinaus praktische Wege, wie man die dem eigenen Herzen und Geist innewohnende Kraft nutzen kann, um Krankheiten zu heilen und Schmerz aufzulösen.

Wenn alle Menschen Freunde wären ...

Dein Beitrag für eine bessere Welt

Chuck Spezzano

Hardcover, 192 Seiten, ISBN 978-3-86616-168-9

Die Welt von heute krankt daran, dass viele Menschen nur auf ihr eigenes Wohl bedacht sind und für ihre Mitmenschen kaum einen Blick übrig haben. Spezzano macht deutlich, dass wir die Welt verändern können, wenn wir alle Menschen als Freunde betrachten. Er zeigt Wege und Möglichkeiten auf, wie wir unseren Freunden helfen und damit nicht nur ihr Leben, sondern auch unser Leben positiv beeinflussen können. Im ersten Teil wird das Prinzip der „Freunde, die Freunden helfen" anhand zahlreicher Beispiele aus der persönlichen Erfahrung des Verfassers ausführlich erläutert. Der zweite Teil bietet eine ganze Reihe von heilenden Prinzipien und Übungen, die dem Leser zeigen, wie er sich mit anderen Menschen verbinden kann, um ihnen – und damit zugleich sich selbst und der Welt – zu helfen.

AIKI-DO und wir

Atem, Bewegung und spirituelle Entwicklung

Winfried Wagner

Geb. Broschüre, 152 Seiten, 100 Fotos, ISBN 978-3-928632-50-8

Ausgehend von einer allgemeinen Bewegungs- und Atemlehre skizziert dieses Buch die Merkmale einer grundlegenden Lebensenergie (KI), und über eine allgemeine zwischenmenschliche „Bewegungslehre" die Grundzüge der möglichen Entwicklung unseres Bewusstseins. Diese allgemeinen Ausführungen sind für alle Interessenten meditativer Bewegungskünste und lebensenergetischer Übungs-Wege aufschlussreich. Für den Praktiker sind Übungshinweise und -beispiele eingeflochten, die aber auch dem interessierten Laien einen konkreten Eindruck von der Praxis des AIKI-DO vermitteln. Zusammen mit den eingeflochtenen Lebensweisheiten aus veschiedenen Kulturkreisen und den geschilderten persönlichen Erfahrungen des Autors soll aufgezeigt werden, dass die Essenz des AIKI-DO universal und nicht spezifisch japanisch ist. Der hier vertretene Ansatz ist ein leiborientiertes, interaktionales und bewusstseinszentriertes Verständnis von AIKI-DO jenseits allem historisch bedingten Beiwerks. Persönliche Erfahrungen einer dreißigjährigen Übungspraxis, Meditation und anderen lebensenergetischen Verfahren fließen ebenso ein wie Erkenntnisse aus verschiedenen Wissenschaftsbereichen.

Das Geheimnis deiner Seele

Entdecke dein wahres Sein

Klaus Manfred Janko

Hardcover, 192 Seiten, ISBN 978-3-86616-180-1

Die zentrale Botschaft des Buches für den Leser besteht darin, sich zu erinnern, dass er die Seele ist, die in einem Körper wohnt, nicht ein Denker, der im Gehirn seines Körpers wohnt und arbeitet. In 37 „Seelen-Kapiteln" behandelt es die wichtigsten Lebensbereiche des Menschen, wie z.B. Frieden, Liebe, Beziehungen oder Emotionen und beleuchtet sie aus den verschiedensten Blickwinkeln der Seele. Der Leser soll motiviert werden, seinen eigenen individuellen Weg zu finden, um seiner Seele immer näher zu kommen, damit er sich dem Transformationsprozess in ein höheres Bewusstsein öffnen kann.

Das Paradies in uns

Die eigenen schöpferischen Kräfte wecken

Astrid Jaritz

Paperback, 224 Seiten, ISBN 978-3-86616-183-2

Ausgehend vom schwierigen Lebensweg ihrer Mutter Margarete zeigt die Autorin, wie es jedem gelingt, trotz aller Hindernisse den alles entscheidenden Wandel herbeizuführen und „sein ganz persönliches Paradies" hier und jetzt zu verwirklichen. Ein inspirierendes und zutiefst transformierendes Buch von zwei Frauen mit der Erkenntnis: Jede Seele hat eine Botschaft, die uns zurück nach Hause führen soll, zurück zu unserer gottähnlichen Struktur, wo die Sehnsucht unserer Seele gestillt wird und dadurch alles möglich ist.

Burnout: Aus der Erschöpfung in die Kraft

Hanspeter Ruch

Taschenbuch, 160 Seiten, ISBN 978-3-86616-178-8

Burnout ist primär ein energetisches Problem, das sich schleichend entwickelt. Ursachen sind Stress, chronische Überlastung, Mangel an Erholung und an Ausgeglichenheit. Um ein Burnout zu bewältigen, muss man sein Leben neu ausrichten. Anhand von Fallbeispielen und Übungen wird aufgezeigt, wie Betroffene mit der Krise umgehen können. Eine Checkliste der Burnout-Anzeichen dient als Orientierungshilfe. Der Antistress-Lebensplan hilft, bei Kräften zu bleiben, den Alltag besser zu bewältigen und auf seine Gesundheit zu achten.

Heilgebärden

Verbindung mit dem heilenden Feld durch Bewegung und Meditation – Vorwort von Chuck Spezzano

Barbara Schenkbier

Hardcover, 160 Seiten, 42 mehrfarbige Fotos, ISBN 978-3-86616-175-7

Die Heilgebärden sind im Rahmen der Ausbildung für spirituelle Heilung inspirativ von der Autorin Barbara Schenkbier empfangen und ausgestaltet worden. Sie sind für jeden leicht durchzuführen. Achtsame Gebärden und Haltungen öffnen den Übenden für den Strom der Heilenergie aus dem heilenden Feld. Dynamische Bewegungen und Energiemassage aktivieren die Lebensenergie, so dass der Körper und die Feinstoffebenen durchströmt und geheilt werden. In der wachen Vergegenwärtigung der strömenden Heilkraft und in den Meditationen werden auch Geist und Seele angesprochen und wichtige spirituelle Grundhaltungen wie Achtsamkeit, Hingabe und Demut entfaltet.

Lebensquell Jin Shin Jyutsu

Ein Gesundheitsprogramm für mehr Wohlbefinden und Vitalität

Tina Stümpfig-Rüdisser

Paperback, 184 Seiten, 186 farbige Fotos, ISBN 978-3-86616-177-1

Mit diesem Buch haben Sie ein wunderbares Werkzeug, positiv und heilend auf Körper, Geist und Seele einzuwirken. Indem Sie Ihre Hände auf bestimmte Energiepunkte Ihres Körpers legen, stärken Sie Ihre Selbstheilungskräfte und fördern Ihre Gesundheit und Ihr Wohlbefinden in allen Lebensbereichen. Jin Shin Jyutsu bringt Harmonie in Körper, Geist und Seele zurück, fördert die Regeneration und Erneuerung der Zellen, verlangsamt den Alterungsprozess und erfüllt Sie mit neuer Kraft und Lebensenergie. Die Übungen sind mit vielen Fotos veranschaulicht, klar beschrieben und ohne Vorkenntnisse einfach auszuführen. Die Themen und Symptome sind übersichtlich alphabetisch geordnet.

Hand und Fuß – Quellen der Heilung

Eine völlig neuartige Reflexzonen-Massage

Friedrich Butzbach

Paperback, 192 Seiten, 70 Grafiken und Zeichnungen, ISBN 978-3-86616-138-2

In einer über dreißigjährigen Praxis erwuchsen dem Autor neue Erkenntnisse der Fußreflexzonenmassage, besonders an den großen Zehen. Er fand hier über 40 Reflexpunkte der Hirnreflexe, über die schnellere und intensivere Reaktionen ablaufen. Dazu kommen noch rund 20 neu gefundene Reflexpunkte, die zum Beispiel den Augeninnendruck, Herpes und Gürtelrose, hohen Blutdruck, Herzbeschwerden, Asthma oder Zahnschmerzen sehr schnell und effektiv positiv beeinflussen. Die Massage eines von ihm gefundenen Reflexpunkts kann selbst sehr alte Schockerlebnisse aus dem Unterbewusstsein in das Bewusstsein bringen und die dadurch entstandenen Belastungen und Blockaden abbauen. Genaue Beschreibungen und viele Skizzen und Schaubilder machen nicht nur die Lokalisierung der Reflexpunkte und die Art der jeweils erforderlichen Massage klar, sondern sind vom Autor auch ausdrücklich als Möglichkeit zur Selbsthilfe für sich und vor allem zur Anwendung bei Kindern gedacht.

Naturheilkunde für jeden

Ein Wegweiser für eine bessere Gesundheit

Dr. med. Jürgen Freiherr von Rosen

Hardcover, 128 Seiten, ISBN 978-3-86616-166-5

Ein praktischer und auch für den Laien gut verständlicher Leitfaden über die Vorteile und Anwendungsmöglichkeiten der Naturheilkunde mit vielen Tipps zur Gesundheitsvorsorge. Dem Thema Krebs ist ein eigenes Kapitel gewidmet. Im Register der häufigsten Krankheiten werden typische Symptome beschrieben und - soweit möglich - Empfehlungen für naturheilkundliche Therapien ausgesprochen. Das Buch zeigt auf, dass jeder ganz einfach Gesundheitsvorsorge betreiben kann - durch eine Lebensführung im Einklang mit der Natur. Ein aufschlussreicher Ratgeber für alle, die auf natürliche Weise gesund bleiben oder werden wollen!

Im Einklang mit sich und der Welt leben

Die Kräfte der Natur nutzen für mehr Lebensqualität

Urs-Beat Fringeli

Paperback, 208 Seiten, ISBN 978-3-86616-179-5

Erprobte, praktische Übungen, lebensnahe Anregungen und Tipps helfen dem Leser, in sich geistige Lebens- und Heilkräfte zu entwickeln und sein Leben im Frieden mit sich und seiner Mitwelt zu gestalten. Die wachsende Sensibilisierung für Nachhaltigkeit und Schutz unserer Erde weckt in vielen Menschen das Bedürfnis, etwas konkret dafür zu tun. Dieses Buch vermittelt ein ganzheitliches Welt- und Menschenbild, eine neue „Spiritualität der Natur", die den Menschen wieder stärker in Natur und Kosmos einbindet, ihm Tatkraft, Gesundheit, Harmonie und Lebensfreude, mehr Lebensqualität schenkt.

Die Kunst gesund zu leben

Mein Programm für Ernährung, Bewegung und Balance

Prof. Franz Decker

Paperback, 256 Seiten, 42 Grafiken, ISBN 978-3-86616-157-3

Ein 12-Schritte-Lebensprogramm für mehr Lebensqualität und Gesundheit. Es ist heute nicht leicht, gesund zu leben. Viele Menschen sind müde, energielos, ausgebrannt, schlecht gelaunt, zu dick und kränkeln. Moderne „Krankheiten befallen uns nicht aus heiterem Himmel, sondern entwickeln sich aus täglichen kleinen Sünden wider die Natur" (Hippokrates). Wir brauchen deshalb die Kunst, gesund zu leben. Gesundheit und Vitalität bis ins hohe Alter sind heute mehr als je zuvor von der Entscheidung für eine gesunde Lebensweise, eine bewusste Denk- und Lebensmentalität abhängig. So kann man modernen Lebenskrankheiten vorbeugen und ein erfülltes Leben führen. Das Buch zeigt den Weg zu einer solchen neuen Lebenskunst mit Lebensqualität und Lebens-Balance. Es enthält zahlreiche Tipps, Übungen, Mentaltrainings-Situationen und Erfahrungen, welche die Wirksamkeit des 12-Schritte-Lebensprogramms verstärken.

Sich ändern – statt ärgern

Vom Umgang mit turbulenten Gefühlen

Kurt A. Richter

Paperback, 288 Seiten, ISBN 978-3-86616-124-5

Machen Sie sich fit im Umgang mit arroganten, nörglerischen,vorwurfsvollen, eifersüchtigen, rechthaberischen, neidischen und zynischen Zeitgenossen. Erkennen Sie die inneren Ursachen negativer Gefühlszustände, die Ihr Selbstbewusstsein und Ihre besten Qualitäten unterdrücken. Entdecken Sie anhand von 22 inspirierenden Gesprächen, ähnlich der Dialog-Methode von Sokrates, völlig neue Möglichkeiten, mit verbalen Tiefschlägen und turbulenten Gefühlszuständen wie Ärger, Schuldgefühlen, Streit, Sorgen, Prüfungsängsten und Schlafstörungen umzugehen. „Update your brain" heißt:Aktualisieren Sie Ihr Denken und bringen Sie Ihre soziale Kreativität auf den neuesten Stand. „Update your brain" heißt:
Update für deinen Geist ... dein Gemüt ... dein Wohlbefinden ... deine Leistungsfähigkeit ... deine Lebendigkeit ... dein Glückserleben ... deine Liebe ... deine Lebensfreude ... deine Kreativität ... deine Inspiration ... deine Leidenschaft ... deine Energie ... deinen Humor.

Quantengeist und Heilung

Auf seine Körpersymptome hören und darauf antworten

Arnold Mindell

Paperback, 296 Seiten, ISBN 978-3-86616-036-1

Quantengeist und Heilung ist Arnold Mindells neues Modell der Medizin, das auf den atemberaubenden Erkenntnissen der Pioniere der Quantenphysik beruht, welche die Landschaft unseres Glaubenssystems beinahe täglich neu gestalten. Mindell, der dort weitermacht, wo C. G. Jung aufhörte, hat sich als führender Experte im Gebrauch von Konzepten aus der Quantenphysik zur Heilung von Geist und Psyche erwiesen. Das Buch geht weit über die Theorie hinaus und stellt einfache Techniken, Übungsanleitungen und präzise Erklärungen wesentlicher Konzepte zur Verfügung, die es jedem Einzelnen ermöglichen, die Wurzeln selbst von chronischen Symptomen und Krankheiten, emotionalen, krankmachenden Mustern freizulegen, zu verstehen und zu beseitigen. Arnold Mindell: „Quantenphysik, die auch Sie anwenden können. Allen Aktionen und Ereignissen im Universum liegt eine Kraft zugrunde. Jeder Mensch besitzt die Fähigkeit, diese anzuzapfen, mit ihr zu interagieren und sie zur Selbstheilung zu benutzen."

Liebe als Erfüllung aller Wünsche

Eine praktische Liebestherapie

Jürg Theiler

Paperback, 256 Seiten, ISBN 978-3-86616-110-8

Die Menschen sehnen sich nach Liebe, einer dauerhaften Liebesbeziehung, und setzen oft ihre ganze Energie ein, sie zu verwirklichen, weil sie dadurch Glück und Erfüllung erwarten.Warum gelingen aber solche Beziehungen häufig nicht oder zerbrechen wieder nach kurzer Zeit? Der Tiefenpsychologe Jürg Theiler ergründet in diesem Buch die psychischen Ursachen für Gelingen und Misslingen von Liebesbeziehungen, auch an Beispielen. Er erklärt, wie die in der Evolution des Lebens entwickelten Gehirnteile in der Psyche des Menschen unterschiedliche Bedürfnisse und Wünsche erzeugen, die einander oft widerstreiten, sich aber auch gegenseitig ergänzen und zusammen der Erhaltung und Weiterentwicklung des Lebens dienen und nur durch die Liebe in Einklang gebracht werden können. Durch eine bestimmte Fragetechnik und 36 „Ein-Sichten" kann der Leser seine psychische Ausgangslage und den Weg erkennen, wie er mit seinem Partner, seiner Partnerin seine Wünsche nach Liebe erfüllen kann.